D1393562

L'ANTHOLOGIE
ARBITRAIRE
D'UNE NOUVELLE POÉSIE

DU MÊME AUTEUR

Poésie :

For intérieur, Action Poétique, 1962.
L'Amour privé, Action Poétique, 1963.
L'Infraction, Seghers, 1974.
Marseille, capitale Ivry, L'Humanité, 1977.
La Psychanalyse mère et chienne, 10/18, 1979 (en collaboration avec Elisabeth Roudinesco).
« *L.* » *ou* « *T'aimer* », Orange Export Ltd, 1979.
Les Mille, Seghers, 1980.
Peinture pour Raquel, Orange Export Ltd, 1983.
La Substitution, La Répétition, 1983.

Traductions :

Adrian Roland-Holst : *Par-delà les chemins,* Seghers, 1954 (traduit du néerlandais par Ans et Henri Deluy, Dolf Verspoor).
Dix-sept poètes de la R.D.A., P.-J. Oswald, 1967 (traduit de l'allemand avec Paul Wiens, Andrée Barret, Jean-Paul Barbe, Alain Lance, Lionel Richard).
Laco Novomesky : *Villa Tereza et autres poèmes,* Pierre-Jean Oswald, 1969 (traduit du slovaque, avec François Kerel).
Prague poésie Front gauche : « *Change* » *10,* Seghers-Laffont, 1972 (traduit du tchèque et du slovaque).
Jaroslav Seifert : *Sonnets à Prague,* Action Poétique/Change, 1979 (traduit du tchèque).
Poètes néerlandais des années cinquante, Action Poétique, n° 91, 1983.

Présentations :

Serge Trétiakov : *Dans le Front Gauche de l'Art,* Maspero, 1977.
A. Bogdanov : *La Science, l'art et la classe ouvrière,* Maspero, 1977 (en collaboration avec Dominique Lecourt et Blanche Grinbaum).
Youri Tynianov : *Le Vers lui-même,* 10/18, 1977 (en collaboration avec Léon Robel et Yvan Mignot).

HENRI DELUY

L'ANTHOLOGIE
ARBITRAIRE
D'UNE NOUVELLE POÉSIE

1960-1982

FLAMMARION

Henri DELUY

L'ANTHOLOGIE ARBITRAIRE
D'UNE NOUVELLE POÉSIE

*Présentation, notices bio-bibliographiques
et de très nombreux inédits*

Anne-Marie ALBIACH — Gérard ARSEGUEL — Danielle COL-
LOBERT — Michel COUTURIER — Jean DAIVE — Robert
DAVREU — Michel DEGUY — Henri DELUY — Jean-Charles
DEPAULE — Marie ÉTIENNE — Jean-Pierre FAYE — Domi-
nique GRANDMONT — Joseph GUGLIELMI — Emmanuel
HOCQUARD — Geneviève HUTTIN — Alain LANCE — Ber-
nard NOEL — Georges PEREC — Marcelin PLEYNET —
Pascal QUIGNARD — Lionel RAY — Jacques RÉDA — Mau-
rice REGNAUT — Jacqueline RISSET — Denis ROCHE —
Paul Louis ROSSI — Jacques ROUBAUD — Claude ROYET-
JOURNOUD — Bernard VARGAFTIG — Alain VEINSTEIN.

« *QUAND ELLE N'ÉTAIT PAS LÀ* »

mais qu'on savait qu'elle allait venir, on parlait d'elle durement, sans indulgence... ce sera pire encore quand elle sera là... »

Je ne sais si c'est au début ou à la fin de son travail que le rédacteur de l'une des anthologies grecques s'exprime ainsi, comme s'il parlait d'une femme ou d'une mégère. Je sais qu'il parle ainsi de son Anthologie et qu'il la justifie de belle manière. Comme tous les anthologistes appuient leur entreprise, leurs choix et jusqu'à leurs omissions...

Par la passion pour cette poésie. Par l'intérêt tout particulier de cette poésie. Par le goût de soi.

Passées les frontières vers notre pays, l'anthologiste devient amer ou prudent. Ou les deux. Dans la conscience malmenée. Et de trouver mille apprêts pour le difficile labeur de la démonstration.

Je me préfère dans une tour ceinte, prise de soleil, ou même brisée dans l'épargne de l'ombre, près du cœur d'Alexandrie, façonnant l'un de ces recueils de pièces choisies ou d'extraits d'un ou plusieurs poètes qui ne portent pas le nom d' « anthologie », réservé pour plusieurs décades encore à un ensemble de fleurs.

Ou dans quelque cour du Japon ancien, à Nara peut-être, vers 760, compilant pour le « Manyôshû » deux centaines de petits poèmes.

Ou bien, vers la fin du siècle dernier, dans une chambre de professeur donnant sur une cour, non loin de la Sorbonne et d'un platane, et d'un mannequin d'osier, m'activant calmement pour le sommaire d'une « chrestomathie » de la poésie du Moyen Age.

M'interrogeant sur l'opportunité du nom à pourvoir : chrestomathie, florilège, morceaux choisis, anthologie, choix, mélanges, recueil, répertoire, collection ou même analecte...

Mais je suis à Ivry, dans la banlieue parisienne, où se préparent des élections.

Je regarde les rayons de mes bibliothèques. Où les anthologies sont nombreuses.

A les prendre en main, à les feuilleter, à relire puis à relire les poèmes de cette anthologie-ci, je me retrouve satisfait d'être ici et maintenant.

Même d'entendre le clapotis de la colle sur les murs pour les premières affiches.

&

J'aime les anthologies.

J'aime la poésie d'aujourd'hui.

Je la considère (avec les limites de mes lectures, de mes informations) comme l'une des plus importantes parmi les poésies du monde, en ce moment.

Singulièrement ancrée dans l'histoire de notre poésie. Comme un tournant. Elle y fera date. J'en suis convaincu.

&

Et j'aime qu'il y ait des élections : les élections, ça concerne aussi les anthologies. Les anthologies, ça concerne aussi les élections.

&

Et j'aime qu'une brusque vivacité se révèle : une anthologie. Et que cette anthologie soit un *livre*.

&

Il y aura des suites heureuses.

Dans les années cinquante, de nouveaux poètes se donnent à lire : Philippe Jaccottet (L'ignorant, 1952-1956), Jean Laude, Jacques Dupin, André du Bouchet (Air, 1950-1953), Yves Bonnefoy (Du mouvement et de l'immobilité de Douve, 1953). Notamment.
Ils seront pour beaucoup dans la mutation qui va suivre.
Cette anthologie commence après eux.
Dans les années soixante.

&

Roger Giroux (L'arbre le temps, 1964) prend figure de précurseur, bien avant sa mort (le 26 janvier 1974). Jean-Paul de Dadelsen également (Jonas, 1962).
Comme en dépit des dates.
Et Gérald Neveu (1921-1960), qui fut notre ami et qui serait des nôtres (Cet oblique rayon, 1955).

&

Les années soixante, quelques premiers points de repères : « Extraits du corps », Bernard Noël, 1958 — « Fragment du cadastre », Michel Deguy, 1960 — « Fleuve renversé », Jean-Pierre Faye, 1960 — « Les lignes de la prose », Marcelin Pleynet, 1962 — « Pacific Air Command », Maurice Regnaut, 1963 — « Récits complets », Denis Roche, 1963...

&

Des années au cours desquelles les poètes des générations précédentes continuent de publier. Ou que l'on continue de publier, leur mort passée.
Nous les lisons, peu à peu, d'un œil différent.

11

Reverdy, Eluard, Queneau, Char, Artaud, Péret, Tzara, Aragon, Leiris, Michaux, Guillevic, Desnos, Soupault...
Les poésies complètes de Pierre-Jean Jouve commencent à paraître en 1964.
Déjà connus, des poètes prennent une importance nouvelle : Francis Ponge, bien sûr, Edmond Jabès (Je bâtis ma demeure, 1959), Jean Tortel (Explications ou bien regard, 1960)...

&

Dans un climat de vive passion où la poésie se trouve mêlée aux combats du siècle, aux relances idéologiques et esthétiques de la période.

&

Un foisonnement de revues, petites et grandes, pour l'échange et la dispute ; quelques noms, à des étapes diverses et de diverses importances :
Action Poétique, Argile, Change, Chorus, Digraphe, L'énergumène, Fragment, L'immédiate, Manteia, Le Nouveau Commerce, Po&sie, Poétique, Le Pont de l'Epée, Première Livraison, Promesse, Siècle à mains, Tel Quel, TXT...
Et des relais dans des institutions telles que :
Les Cahiers du Sud (qui disparaîtront, hélas ! en 1966), Les Cahiers du chemin, Esprit, Europe, NRF, Les Temps modernes...

&

Cette anthologie est née d'une passion pour la poésie. D'une longue fréquentation des poètes et de la poésie de ce temps. De mon engagement dans les querelles. Des glissements de mes propres conceptions. Du sentiment que j'ai eu, dans les années soixante et dix, qu'il se passait quelque chose, là, de

12

neuf, décisif peut-être pour le cours de notre poésie, pour l'évolution de notre prosodie. Ses effets sur le discours poétique lui-même. Son insertion dans l'économie mondiale du poème.

Mon choix s'est porté sur des poètes et des textes où cette nouveauté se manifeste et se recoupe.

J'ai voulu prendre date d'un événement : la fin de l'hégémonie surréaliste coïncide avec la découverte (très tardive en France) des travaux des différentes avant-gardes, souvent dites « formalistes », le déploiement des libertés d'allure acquises, l'ouverture sur les chants du monde entier, la prise en compte du « formel », les tentatives de réflexion et d'écriture pour donner une dimension singulière au poème.

&

Cette anthologie ne serait donc pas, on le voit, sans le travail et l'amitié de Jacques Roubaud. On trouvera l'essentiel de mes raisons dans ses travaux, en particulier dans « La vieillesse d'Alexandre » (Maspero, 1978). C'est ma référence première. Je ne reviendrai pas sur ses analyses. Comme l'a dit Denis Roche : « On devrait lire ce livre dans toutes les écoles, et même à l'école freudienne... »

&

Les poèmes choisis sont des poèmes que j'aime.
Il en est d'autres, beaucoup d'autres. Qui ne sont pas ici.
On a compris que cette anthologie est de parti pris. Même par rapport à mes désirs, à mes amitiés...

&

Un choix de poètes, à partir de leurs interventions des années passées. Mais des poèmes écrits, pour la plupart, récemment.

Ces derniers mois, parfois ces dernières semaines. Une poésie en mouvement. Dans ses états les plus nouveaux.
Pour insister : ça continue, de plus jeunes sont déjà à l'œuvre.

&

Une grande partie des poèmes de ce livre sont inédits. Quelques autres n'ont été publiés qu'à peu d'exemplaires, en édition au tirage limité.

&

Il a été demandé à chacun des poètes le même nombre de pages : entre huit et dix. Chacun m'a fait parvenir ou signalé les pages qu'il souhaitait publier.
Suivant son rythme d'écriture ou son penchant. Pour l'un : deux, pour l'autre : douze...

&

Une génération ? Deux ?
Ces poètes forment presque tous deux tranches d'âge, comme on dit : près de la moitié autour de cinquante ans, près de l'autre moitié autour de quarante.

&

Les notices bio-bibliographiques sont d'inégale importance. Suivant les renseignements obtenus et la volonté de chacun.

&

Les écritures du poème ou de l'approche du poème sont diverses. Elles visent dans l'ensemble (et pas toujours volontairement) à reconsidérer le poème dans ses vers (dans la langue maternelle et dans d'autres qui se construisent des accès de culture ou des rappels d'origines).

Jusqu'à tendre la prose dans sa constitution. Ou dans la quête d'une lecture qui recompose. Ou dans les permutations, répétitions, coupures, poses et récits par lesquels le poème fait diligence (pour occuper la page de ses actes manqués). Dans le jeu des contraintes abattues, montrées, et sur les ruines rassemblées de l'Alexandrin et du « vers libre ». Pour la surprise d'une vaste entreprise de renouvellement ? Je le crois. Sans exclure de possibles reflux. Qui, dans tous les cas, ne balayent pas tout. Il y a toujours de l'irréversible dans l'air...

&

J'aime aussi cet autre regard sur les poésies étrangères : Brecht, par exemple, ou les Américains, les Grecs anciens. Et sur ce qui nous était devenu lointain, notre propre histoire en poésie, par exemple les Troubadours, les Baroques...

&

Et j'aime que soient ici intégrés des éléments parasites. Qui contrediraient volontiers mes propos.

&

Bien entendu, cette poésie, ces poètes disent aussi autre chose que l'histoire du vers, la prosodie, le rythme, la page blanche, l'enjambement ou la marge.

Faut-il rappeler qu'il n'est pas de poésie intemporelle ? Que les poètes ne sont pas innocents des affaires du monde ?

Que l'espace du poème, c'est ce que nous sommes, dans l'entier...

&

Pour la politique et l'amour, le sang et la solitude, l'angoisse et la mort, l'herbe et le vent : voir au plus près. Tout y est. Ces poètes : rien à dire à leur place.

&

De même, cette poésie ne peut se concevoir en dehors de ses conditions concrètes d'existence : système éditorial, intervention de l'Etat, situation des bibliothèques et de la lecture publique, rôle des libraires et du système de diffusion, enseignement, revues, lectures, « performances », public...

&

Cette anthologie est un acte de biographie. Un acte dans ma biographie.
Arbitraire comme toute anthologie. Elle l'affirme. Elle prétend ne pas donner une vue d'ensemble de la production poétique contemporaine, multiple, diversifiée, souvent savoureuse.
Elle se situe sur un terrain délibérément limité.

&

Elle laisse de côté de grands pans de la poésie d'aujourd'hui. Et tout ce qui, dans la prose contemporaine, chemine de concert avec le poème et la réflexion que j'ai voulu mettre en lumière. Je pense au travail de Maurice Roche, Pierre Guyotat, Roger Laporte, Hubert Lucot, Jean Ristat, Jean-Claude

Montel ou Pierre Rottenberg, pour ne citer que quelques noms.

&

On lira cette anthologie de plusieurs manières :
— suivant les raisons qui m'ont déterminé à la composer
— comme une coupe, parmi d'autres possibles, dans la poésie qui se fait
— comme un recueil à lire au poème, selon l'humeur et le désir de chacun.
On pourra même y trouver des renseignements sur un état d'esprit, une thématique de la « vie intérieure », un sujet de mécontentement, une matière à l'agression...

&

Je tiens à vivement remercier les poètes qui m'ont confié leurs textes et souhaite fort que de nombreux lecteurs partagent la joie qui fut la mienne tout au long de ce travail. Qu'ils y trouvent ce plaisir, cette saveur, cette curiosité que j'ai connus. Mais aussi l'envie de lire ailleurs, d'autres poètes. La poésie d'aujourd'hui dans sa diversité et ses différences. Celles d'hier et de demain.
Poésie : de toute beauté minuscule fleur, poigne sanglante, carte muette et paperasserie sublime...

EN GUISE DE PLUS

Le surréalisme pourrait bien être le « bel absent » de ce livre si chacun affirmait à l'instant ses attaches et son estime. En creux : le surréalisme comme mouvement, fonds de conceptions et de pratiques généralisables.

Les poètes surréalistes, et alentour, seraient, par contre, très nombreux sur la liste idéale de la plupart d'entre nous. Cet écart entre le goût pour les œuvres et le rejet d'un corps de théories, avec son éthique et sa logique, est une certitude.

Il désigne le lieu où d'autres interventions doctrinales ont pu se manifester.

le lieu aussi où toute théorie s'égare.

&

Le surréalisme demeure, pourtant, j'en suis sûr, notre cas. Celui, pour le moins, de beaucoup d'entre nous.

Voire à notre corps défendant. Ou même dans l'oubli. Ou le refus. Ou le refoulement.

Les poètes surréalistes, ou proches du surréalisme, à un moment ou à un autre de leur histoire, ont été nos maîtres. Pas seulement dans nos rapports avec le plaisir au poème : leurs projets, leurs attitudes, leurs engagements ont longtemps constitué, dans le calme ou l'insolence, nos références premières et l'horizon idéologique du surréalisme, l'amour la poésie la révolution, a longuement été notre seul horizon théorique.

&

Depuis quelque deux décades, cependant que s'élabore la poésie nouvelle dont il est ici question, le surréalisme a souvent été rendu responsable de nos difficultés dans les exercices de la poésie.

18

Dans nos rapports avec nos propres traditions, par exemple, dans nos contacts avec les poésies étrangères, dans nos embarras devant le formel...

Le surgissement d'un appareil de sédition sans égal dans l'histoire de notre littérature — semblant claquer la porte au nez même de la littérature au bénéfice d'une fracture dans la vie intime de l'homme et dans sa vie sociale (l' « être » et la « révolution ») — donnait à l'acte d'écrire une dilatation telle qu'elle rendait acceptable — en fait : nécessaire — la légéreté et l'arrogance devant les problèmes formels (qui ne sont pas que de technique) de l'écriture de poésie.

Parfaitement murée, l'idéologie du surréalisme aurait pu nous rendre aveugle aux écritures et à la réflexion venues d'ailleurs. Et même devant ses propres discernements.

&

Le tour peut être long des reproches, des erreurs, et déboucher sur un constat d'échec. On n'a pas manqué d'en arriver là.

Le surréalisme porte en lui une passion pour la poésie. C'est en deçà, dans la critique de son intelligence des rapports de l'écriture aux sciences du langage et à la découverte de l'inconscient, que s'est orientée la discussion. Non sans succès, non sans raisons.

Je ne reviens pas sur le relevé des comptes.

Pour mon propos, seulement ceci :

les poètes surréalistes condensent en quelques années, réussites et ampleur réunies, les approches de l'inconscient telles que la tradition poétique les a toujours connues. L'ombre de Freud portée par Breton élargit l'opération [1]. Le surréalisme : « cette opération de grande envergure portant sur le langage » (A. Breton, « Du surréalisme en ses œuvres vives ») a reconnu la partie liée du langage et de l'inconscient.

Cette intelligence-là, rien ne pourra la faire oublier.

Et ceci :

c'est surtout, à mon sens, de ne pas avoir saisi le rapport à la loi que le surréalisme a tremblé dans son approche de la découverte freudienne (ce que G. Bataille sera l'un des premiers à repérer).

A. Breton, c'est lui qui mène la barque surréaliste en ce domaine, met l'accent plus sur les conduites que sur les structures. En cela, il reste fidèle à sa formation (Janet plutôt que Freud), sans doute aussi à ses propres amours. L'idéologie surréaliste qu'il bâtit est une idéologie volontariste. La découverte du jeu de l'inconscient dans l'écriture donne des pouvoirs qu'elle entend utiliser à ses propres fins. La psychanalyse devient une pratique littéraire du langage. A. Breton veut rester maître dans sa maison.

D'où l'écriture automatique et ses avatars.

Jacques Lacan (il faudra attendre ses interventions pour resituer les ambiguïtés mêmes de Freud) l'a bien vu qui écrit : « Disons que la poésie moderne et l'école surréaliste nous ont fait faire ici un grand pas, en démontrant que toute conjonction de deux signifiants serait équivalente pour constituer une métaphore, si la condition du plus grand disparate des images signifiées n'était exigée pour la production de l'étincelle poétique, autrement dit pour que la création métaphorique ait lieu. Certes cette position radicale se fonde sur une expérience dite de l'écriture automatique, qui n'aurait pas été tentée sans l'assurance que ses pionniers prenaient de la découverte freudienne. Mais elle reste marquée de confusion parce que la doctrine en est fausse. L'étincelle créatrice de la métaphore ne jaillit pas de la mise en présence de deux images, c'est-à-dire de deux signifiants également actualisés. Elle jaillit entre deux signifiants dont l'un s'est substitué à l'autre en prenant sa place dans la chaîne signifiante, le signifiant occulté restant présent de sa connexion (métonymique) au reste de la chaîne. » (*Ecrits,* pp. 506-507.)

La connivence que le surréalisme relève entre la liberté et l'écriture se trouve très menacée.

D'où la pathétique dénégation (peu dite) de l'idéologie surréaliste pour le formel[2]. Il faut rappeler ici qu'il ne s'agit pas de la qualité des textes, qui peut se réaliser dans les conditions idéologiques les plus disparates.

&

C'est seulement autour des années soixante que les poètes d'ici prendront la mesure de cette situation (à l'échelle de représentants d'une génération, d'autres avant en avaient eu l'intuition).

La découverte du travail des « formalistes » (russes puis soviétiques, notamment) et des textes des diverses avant-gardes qui ont marqué, ailleurs dans le monde, l'entre-deux-guerres, jouera le rôle d'un catalyseur.

&

La rencontre des courants issus des diverses avant-gardes européennes et américaines avec notre propre avant-garde représentée massivement par les surréalistes et leurs alliés, même d'un temps (de Breton à Bataille, de Péret ou Desnos à Leiris...), va donner à une partie de notre poésie des deux récentes décades une envergure, une richesse d'angles d'attaque qui fait sa fécondité.

Sont alors abordées sous un jour nouveau de nombreuses questions :

l'héritage de Mallarmé, le vers, le vers dans le poème ; le poème dans la prose, l'unité syntaxique, le rôle de la lecture publique et de la bouche, le rythme, les effets de sens de la forme du vers, le mot comme unité poétique, la « langue visible » dans l'imprimerie, le récit (qui naît et meurt pour

renaître des difficultés du vers et de l'impossible de la prose)...
La traduction elle-même va devenir une affaire de poètes.

&

L'écriture et la réflexion des mouvements dits « formalistes »
vont se révéler particulièrement efficaces, peut-être contre
toute attente, au contact du terreau surréaliste, comme si les
limites, les errances, les sectarismes et les interdits des uns
et des autres perdaient de leurs effets de blocage au profit
d'une levée des obstacles par la contamination des réussites.

&

De cela, aussi, cette anthologie souhaite, à sa manière, fêter
l'événement.

Henri DELUY.

---

1. Cette reconnaissance n'est pas l'apanage des seuls poètes du mouvement surréaliste. Le cas de Pierre-Jean Jouve est là pour le souligner.
Mais seul le surréalisme en tirera une idéologie d'ensemble.
2. Le rapport au formel n'est pas sans lien avec le rapport à la loi.
Pour le « formalisme », l'écrivain n'est pas « maître » de son écriture.

ANNE-MARIE ALBIACH

« THÉÂTRE »

l'explicitation des centres
le genre

double

la distance exacerbe le mouvement
dans la PAROLE que tu lui donnes

: le geste *dévore*

une fiction blanche reprend sa ponctualité

indistincts ils élaborent des retraits partiels

leurs genoux : une faiblesse

acuité : elle subordonne les emprunts

une ponctuation de la réversibilité

conjonction

minimise

récidivée s'absente
dans une projection

cercles de tension

tu renoues avec la « terreur »

en contrepoint *carte*

« *il parcourt parfois ce chemin* »
paralysie

« la lecture se fait dans la proximité nocturne »

VIOLENCE :

« la distance est là
   sa discontinuité »

leur parole serait-elle transmise

: tel passage
d'une chevelure à une autre

   VISAGE

                              du répit
« la lumière traverse la composition »

         ponctuée

ils donnent leurs circonférences

dans la remémoration

sur un terrain sans perspective

« se prête à des plaisirs factices

doublure

elles évincent la scène : une voix cerne

l'abstraction du dire
une Surface

ils obscurcissent une ouverture

VOILE

personnages :   le lieu est ouvert
à l'adhésion

fiction :   elle atteint les degrés de l'EXCÈS
dans le geste « les pierreries » « obole »

adonné aux mutilations

imparfait :

: *une distorsion indéfinie
et péremptoire*

« *à cet instant* »

« *elles portent cette lamentation
dans l'acuité* »

29

le retrait de la parole et du regard

une géographie des lignes :

cris   dans le *froid*

« vision »
tel écartèlement

point entre les dénivellations
incertaines

le contour permet la précision
dans les graduations des attraits oniriques

en pointe : les arcades ouvrent à une
obscurité qui détermine

« froissés d'embruns péremptoires : inclinaison »

fragments marins   dans le baroque
une juxtaposition

LES COULEURS
DÉTERMINENT UNE SURFACE

sur un diamètre
la dualité

disparition de l'Autre

« elles n'auraient pas peur de la nudité »

L'ÉVANOUISSEMENT DE LA PERSPECTIVE

la sonate

spectateur : le dos, dans   le baroque

            :   le
       paysage

       ouverture

chiffré
       le déportement des lignes

ou complexité de désintégration

            éteint les Eclats

: un passage est   ouvert ou clos

la page accentue la distance

dans le Verbe

Sacrificiel

●

CERCLES

un ornement de figure géométrique

cercles sur la poitrine

l'exécution
elles lèvent le bras dans les draperies

proximité
des contraintes précises

« leur dialogue »

terres : on y parvient par le chemin manuel

la déperdition : pour une juxtaposition
qui leur est propre

dans les degrés

la perte :

: l'écriture joue sa figuration

« *le neutre menace*   »

dualité : la division opère

la mer envahit la chambre ouverte

déperdition d'un engendrement

un ordre risque de s'établir
dans la claustration

le retour d'une identité multiforme

occlusion : dévoration et ouvertures

« bruits »

: l'éclipse

des voix

LEUR INTERROGATION PERSISTE

« une lame réversible
ajustée matinale
que la nuit révèle »

GÉRARD ARSEGUEL

VOILÀ LES NUAGES

O démembré parmi les feuilles l'eau
parmi les dents qui bougent
parmi l'eau
ailleurs dans le fanal cette femme
tant d'autres la forme de la mort
du pantalon qui pend cette dans cette
froide cette obscure rivière

n'est plus ici ni là la bouteille
à la main avec le temps qui tourne
dans le temps qui crache dans le soir
la crasse le mouchoir
comme tu te la mets la langue
dans le fond avec le noir qui tombe
davantage

se sent quand même éternue dans le
vent se tourne se retourne avec le corps
avec oh ne me parlez pas je tombe
je suffis la terre noire avec le pas qui
vient la ferme les fermoirs
la gueule les gueuloirs
jamais de ce monde d'ici avec la pluie
qui tremble pas la voix

toujours de ce monde qui dort avec
les trous dans l'eau avec le vent dehors
l'urine l'urinoir
les comptes le comptoir
avec nuages avec le temps qui frappe
pas le temps avec le noir qui tombe
sur le noir dans l'eau avec le vent
avec le membre dehors

et dans les noires nuits du deuil de la
mémoire
avec la boue qui tombe   avec
le froid   les mots O je ne
bouge plus qui tremble se retourne
se touche avec la main le fond de la
mémoire le pli du deuil avec les yeux
qui tombent   avec nuage avec O
jamais je ne peux

viens toujours jamais plus comme si tu marchais
avec le chapelet de tes nuages
dans le soleil qui tombe dans la nuit
                                        avec
la pluie qui plie lointaine la lenteur
du temps toujours jamais comme si
tu marchais

et tombe et me pardonne oh ma maman
oh ma qui me couche dans l'os qui me
retire de et me caresse avec ta quille
fine avec ta faille douce avec ta pine
avec le vent qui coule
sur ton os oh jamais plus encore et remets-moi
où furent (oh oui oh remets-moi oh oui)
ma dent mes fures mon printemps

toujours ainsi jamais comme
                                    dans l'avenir
dans la venue dans la
qui rit toujours avec tes dents avec
et tombe dans la paille avec le souvenir
oh je suis noir regarde ne dis rien

demain ainsi tu vois comme par les nuages
avec le temps qui monte dans le temps
avec soleil ou pluie
avec le vent l'ouïe
toujours ainsi penché comme si tu
m'aimais
dans le soleil dans l'eau
qui m'ont qui sont des monts
qui montent nus dans l'âge

remontent nus dans l'âge avec le temps
qui fait
et tombent dans le temps avec le temps
qui tombe
toujours ainsi penché dans le soleil dans l'eau
O deuil qui ne dit mot
avec le temps qu'on sent.

DANIELLE COLLOBERT

SURVIE

je temps de quoi
l'étalement
vague roulée à regard
inlassablement du je liquide repéré rouge
fragments imperceptibles à petit œil du temps vision nulle
sur l'espace jamais plus d'un grand champ
le reste ouvert au vogueur les visions célestes
sucer des phrases nourriture sans dents
je broyeur sons syllabes magma secousses telluriques
ou gagné par le raz de marée perdu pied dans sous-sol syntaxe
jours de passion
lumière des veines qui vient
en surface l'articulation
je dit ardent énergie le cri ou comme brûle jamais dit

dont le soleil parfois musique sur grand ciel d'ouvert
à plat dos l'écarté
l'écartelé probable à plaisir tirant sur la lancée du supportable
de ce côté là d'assez profond l'écrit sur corps
je gravant du sablonneux l'instant effacé
pousser la fièvre aux lèvres résonnantes le gong
ou rhombe bourdonnant fuyant la tête
ou tambours de survie
ou sec désert poussière bombes
et toujours léchant les flammes le corps de peur
je d'insecte vivant cloué au mur
cherchant vivant à souffrance plus
se la rêvant même nocturne
en vue du définitif

petite cellule vivante à tête chercheuse
allant voulant désespérément coller son suc quelque part
la bonté aux muqueuses l'attente aux orifices
la fête muette première de vie
engloutie sous la lave coulée collante parole mur entre lequel
rien à faire pour sortir les sons au-delà juste la mort
tirer des nerfs pour remonter le son les lèvres plus haut
l'os crâne retenti
étranglement suraigu tenir au-delà juste la mort
ou non sourire du sourire à vide dans reflets à noir visage éteint
à peine lumière de vue lointaine
parti pour les sept jours d'enfer circulaire
création supplices et repos inclus
sommeil de pleine terre et rêves inclus

balancé au chaos sans armure
survivra ou non résistance aux coups la durée longue de vie
je parti l'exploration du gouffre
tâtonnant contre jour
déjà menottes aux mains les stigmates aux poignets
aux pieds les fers les chaînes
la distance d'un pas l'unité de mesure
je raclant mon sol avec ça
traîne le bruit dans l'espace
en premier sur la bande son du prométhée
le vautour dans la gorge
à coups au sang rabattu sans fin vers le silence
au milieu du front le plat désert futur
derrière caché peut-être le corps à s'agglomérer

serré le cou par la corde réveil
tremblement réveil
brûlé consumé bonze
crève corps
hors des mains caresses
loin des lèvres bu
souvenir du corps
laissant aller présent l'instant survie
sans savoir sur quoi ouvrir l'énergie à l'imaginaire répondu
balbutiements à peine aux déchirures
les cris du bord des plaies non suffit
plongé noir dans le bain de sang
à travailler ses veines pour mots
je parole s'ouvrir bouche ouverte dire je vis à qui

je partant voix sans réponse articuler parfois les mots
que silence réponse à autre oreille jamais
si à muet le monde pas de bruit
fonce dans le bleu cosmos
plus question que voyage vertical
je partant glissure à l'horizon
tout pareil tout mortel à partir du je
à toutes jambes fuyant l'horizon
enfin n'entendre que musique dans les cris
assez assez
exit
entrer né sur débris à peine reconnu le terrain
émergé de vase salée le fœtus sorti d'égout
plexus solaire rongé angoisse diffusant poumons souffle
[haletant

MICHEL COUTURIER

POUR MÉMOIRE

la page porte sur la page

                                        et pour mémoire
format du temps :
                        sa dépense
                        et son excès
leur négation

                                                replacée
que de coutume
                à l'encart de l'étagement —
matière d'avant la vision
                                        qui fait
hiatus   grandeur   nature
pour constitution de la vue
                                qui y encastrera la lettre

qui a été *l'été* était
est à l'avantage du désert

              et dont
que le sable
 qui est l'articulation de la bouche
femme   cymbale   semence
  pure demeure pour tombeau
 qui saigne sueur et vit
à l'arc voûté   en plein soleil
 qui ratissait et y rétrécissait le ciel
restera pour la galerie interne de l'oreille
    la nuque ensoleillée
 qui où y craindrait la soif d'une oasis
la porte des mains   les portes du temps ?

JEAN DAIVE

" SLLT "

Semblable à l'attention
si je lui dis fut semblable à
l'identique.
Il conclut. Il reste pour ressembler
et ainsi. Des chambres sans table ni mur.
Des chambres avec un soleil
tout entier.
Après cela
les enfants montrent que
le soleil est tout entier. Comme si
je me trouve maintenant.
Semblable à répéter que l'attention enseigne
(était-ce un radeau
produit par nos
coudes ?) Je me trouve ici. Après cela les enfants
apprennent que le matin n'a pas de différence
et que la phrase est identique

à cause de la préparation
d'objet.
Je me trouve ici
aimant cela, mais aussi
manger est la phrase d'ici ou parler.
Car il faut répondre maintenant. Répondre, c'est
continuer
et attendre, c'est le retour de l'événement.
En fait, c'est comme une dame, mais c'est différent
qui mentionne
pour la première fois que trois
pouvaient faire.
Mon saule
est
davantage. Une quantité à l'angle
du télégramme et de ma grammaire.
Etre
quant au bleu. Et premier maintenant.
Ou seul maintenant. Non. Premier
de la part
de maintenant, ici. C'est-à-dire de
chacun duquel le premier saisit penser vraiment nécessaire
gâteau et rural.
Merci pour le plancher. Il finit
tout.

J'abandonne les liquides.
Les cheminées m'embarrassent. Toute une journée
nous sommes un. Réside dans le plafond
son récit
est l'extérieur d'une cuisinière
sans matérialité. Ce qui
s'étend
c'est un peu.

Ils ne peuvent pas le dire et combien n'est pas sûr
parce que
comment répéter a autre chose à faire.
Une surface mesure
le dehors
posé. Ce
pneu
dans une leçon forfaitaire. Sont probablement et
savent. Qui sont-ils ? Oui et non.
Ressemblent-ils ?
Chaque nuit et chaque
phrase, les sœurs
et les contrôles rétrécissent en pensée.
Les substantifs (les nôtres) sur
un même compte. En intention
peut-être en électricité.
Ceci s'ajoute. Je ne change pas d'avis.

Comment s'asseoir lorsque tout est
déjà et que le fauteuil
est lumière.
Je dois m'asseoir
est
le monde constitue rien, une disparition
manque en face. A droite
est le persil.
A gauche la raie d'où je viens.
La ligne s'achève. Un nombre perpendiculaire.
A l'inverse de la vaisselle suivie
d'un déplacement de
ses piles, le total fait qu'il
contient la partie du monde que mon couvert
indique. Ainsi nous nous trouvons
réunis chez le même
sujet.

Il projette le reste de son ombre
lorsqu'il dit
le vêtement par la destruction. En effet
en quoi consiste le premier homme ?
Voici :
sensible chose ou sensible sorte chaque
fois sera, car transformée en négation elle se fait jour
dans la question.
Et je parlerai des principes
de toutes choses, mais le doute qui dresse
afin.

Il s'en alla de ce mot, mais aussi des œuvres opérées
en moi.
Retour qu'il fit dans une position intermédiaire
entre soleil et
qui marche.
Ils doivent passer. Un retour à l'ensemble
parce que le haut jaillit et s'étend. Un instrument
puise promettre.
Ils recueillent ce morceau
s'élèvent parmi les plans d'herbe. Ils entendent
la multitude répondre : Coulez vers
les boîtes.

Ayez ce qui
devient une sorte de multiple et chassez
la mer de votre chute
    — car tout homme sera salé par le feu
si nous sommes
éteints, si nous sommes
notre série et non
l'inverse, si la partie n'atteint pas
notre preuve, une mémoire
se retire dans l'application
de notre cause, un fleuve
qu'il nous suffise de le déconstruire
par le plus grand nombre d'attributs. Une figure
à traverser ou une couleur
dont la ténèbre est perdue, une pluie plutôt que
jaunir, la foudre soit notre arrachement
ne compense un diagramme

à la démence remerciée.
«Comme l'esprit d'une prose
qui n'instruit plus aucun père, une image
perceptible à ce qui penche en ce jour de»
— Non.
— L'Autre est tout ce qui arrive.
C'est tout de même étonnant pour la personne
ou pour le moment.
— Recomptez-les.
La quantité d'eau ou la mutation
annoncent le miroir
que vous portez. Nous sortons du champ.

ROBERT DAVREU

GERCES
Pour
UN MUR D'ANTIOCHE

pour Françoise

There is no life higher than the grasstops
Or the hearts of sheep, and the wind
Pours by like destiny, bending
Everything in one direction.

Sylvia PLATH.

L'élément là
          fait souche
sous le vernis cloqué des balises
vertes
          les mots   en visière
les mots raclent le dos l'endroit
bleu qu'ils nomment
                         lorsque la charrue passe
de profil
          en mal de sucs
                         marie la boue
au fer
          fait jour
au plus mortel...

La main amenuise son vol
entre écorce et aubier   chancelle avec l'aplomb
d'un murmure
                accuse les lignes grisaillant
de son pli
           assez loin
le chemin devine sa perte s'arrête
                                au mur et
berce le migrateur
               innocent...

Comme d'épineux automates s'entourent
d'un nuage d'huile
                    des oiseaux noirs colmatent
le mur
          que le vent de leurs lamentations n'appelle pas
dieu
          les visages cuits roulent
au-delà des images aux bords
éteints
          dans le trou...

Notre content de   matières
sèches
        présagent à vue
d'ongles nos genèses coquilles
                          mime fertile
du cerne de nos plaies
                    fixes et c'est
en nous
        ainsi tendu que la fugue brise
un seul os
        qui blanchira l'angle muet...

Au peuple des icônes quarante
                    fois une
chambrait le cristal
                le corps était
cette chandelle franche
girant
        dans la voix de l'absent

Du toit
dissoudre l'équerre et le
cal
d'un dit de sureau sûre-
ment ourdi le
cul
enchemisé de père le
dire mur
le dire sourdre las de la
cire
et sourd

A pigeon mort
Ta main
Y fit plus d'un
Détour nombré mais
Vain
          Vieille ronde à demi
Dans l'oubli nouée des triceps
Et de la tétanie
                    La bouche
S'équarrit en rage similaire
D'un coup
          avec des cernes de sirops lunaires
Et beaucoup de saloperies lyriques
                              cette rouilleuse se
Farde aboie ment aux
Messes latérales lie la
Fente à la hargne des lettres cariées
De quelque esprit violet
                    Il s'en faut
D'un tache de plomb
                    D'une révérence
Tirée en
Vêtements de pie un jonc
Dans une main.

MICHEL DEGUY

LIVRE DES GISANTS

Ingrédients

S'appellera gisants ; *mouvement perpétuel. Comprendra :*
dédicace, ingrédients, gisants, les récits, la fabrique, les lettres, citations *(...)*

Mouvement perpétuel

« *Je vais mourir, adieu* », *ainsi courait la silhouette de
femme jeune de dos dans le film, rattrapée arrêtée une
seconde par la main de musique croissante, mais s'arrachant
vers la mort qu'elle fuit. Je vous ai précédés, escortez-moi !*
— *Non ! Ne nous quitte pas ! Ne tombe pas dans l'abîme
extérieur...*
*Plusieurs ensemble à descendre aux enfers s'accrochant aux
racines sur la pente de la voix, complorant la disparais-
sante, la ravie, voici le chant qu'ils entendaient, frein de
foudre : le thrène célébrait la dilation du moment de mourir
qu'il repassait au ralenti. Quelle horreur ? L'horreur de cet
unique laps de n'en pas revenir. Le requiem répétait cet
augment de stupeur de l'impartageable, partagé par lui le
mourant et nous la* pompe *qui le retenons, l'accompagnons,
le refusons à la mort.*

A remettre en prose

> *Grandes feuilles de zinc les jours s'empilent*
> *Je n'aime pas chaque minute du jour*
> *Dans la scierie de l'agendum contre la guise*
> *Je ne passe pas pour raisonnable*
> *Tous les chemins mènent à ta bouche*
> *Les traits creusés de toi cet hiver*
> *J'ai mis un poème en chantier pour notre gemmage*

Le récit

Elle serait sans rien et lasse au bord de Seine hélas. Ce devait être l'occasion de ma descente à mes enfers, je lui parlais d'Eurydice dans l'escalier et d'Orphée au bord de la Seine perdant Eurydice en se tournant vers elle, je me suis retourné vers toi sur cette marche de la Seine et je t'ai perdue, alors je descendrai plus sauvagement, je m'accuserai, ce serait l'Enfer où je descendrais, j'y aurais fait l'enfer quoiqu'il n'y eût rien d'autre que nous à entretenir, même toi tu en serais sortie, ce ne serait plus un enfer commun mais privé, isolant et il n'y aurait eu que mon enfer, je t'aurais en me retournant perdue pour te perdre, sans y croire ; qu'est-ce, que fut-ce, que s'est-il passé, je ne comprends pas — serait la phrase Orphée, je ne comprends pas ce qui s'est passé, nous étions bien ensemble, j'étais sûr de sa présence en arrière, je me suis retourné elle n'était plus là, je me suis retourné tu passais dans ta petite cellule de tôle, la « voiture », je crus, j'espérai que tu regarderais vers moi, parce que j'étais parti seul en avant, tu ne pouvais pas ne pas me voir, j'attendais donc qu'au passage tu me jettes un sourire avec tes doigts, mais rien, pas un regard, tu avais disparu dans ton apparition, tu ne passais pas pour moi, négligente tu m'avais négligé, je me tournai vers toi, je te vis te peigner conduisant attentive à tes seuls cheveux.

Compléments d'objets

Ne me laisse pas ignorer où tu seras
Lis-moi le brouillon planétaire
Est-ce que je te connais connaissant tes objets
Les pétales de flamme de ta flamme et de son omphalos

ton odeur ton nom ton âge tes commissures
    par les capillaires, je bats, les tiges, faisceau de pouls, verge
ton élégance tes récits tes bas tes couleurs
    j'alanguis la rose de quelqu'une le roman
tes bijoux tes bleus tes cils ta montre
    la proximité est notre dimension
tes lobes ta voix tes lèvres tes lettres

Ne me laisse pas ignorer où tu es
Le rouleau gris ensable notre baie

Gisants

  Et en même temps une sorte de paix, comme un sermon
sur la terre des béatitudes américaines en jazz par une jeune
femme qui tourne des yeux, tombait des relais géostation-
naires et l'éternité avait pris la voix des complaintes noctam-
bules qui parlent d'amour aux transistors des Afghans, des
Uzbeks, des Guinéens, et beaucoup étaient libres, libres,
libres...
  — Avez-vous quelque chose à déclarer ?
  — Non, rien d'autre que cet amour, et même les chansons
stridentes et gavées regorgent de ce lait. La nuit est une salle
d'attente.
  Il s'étendrait sur la banquette vide comme à la veille d'un
voyage, ses oreilles emplies comme d'un patineur autistique,
pour que pas un pas, de la 41e à la 79e rue, ne fût privé de
cette voix, cette voix (...)

Le récit.

Maintenant tu vas voir tout va aller très lentement. Ecartant
les châtaignes sur la pente de Marly tu t'agenouillais sur le
ciel, devenais mon prie-dieu. De ta fémorale bleue, femme

à veine, je tire cette encre pour tester contre le long décès,
la matière grise et la mention passable, et mettre en chantier
un poème à refaire un poème à qui l'espoir soit comparable.
Tu es comme tu étais quand tu me coiffais dans l'angle avec
vue sur la gare, tes ciseaux justes appelaient à renaître.

Comme un fruit compliqué avec du travail, des teintes
de confitures, ton profil aimé recouvrait le profil de cette
femme au pied de Sardanapale. Tout repassait par ce chas,
ce point de virement, rejugé en détail — par tes narines,
omphale, lobes, coquillages, l'os de touche, l'œuvre de chair.

Gisants

Aveugle, disaient-ils autrefois du poète parce qu'il trans-
posait pour trouver ; ainsi de l'extrême péripétie de l'amour
aux phases jamais sculptées dont il donnait le devis à deviner.
Il décrivait quelque chose comme ton sommeil incliné comme
un bateau gisant sur bâbord au jusant, tes narines comme
des voiles à la risée du soir, et nos manœuvres de gréement,
de balancine, de beaupré, les reflets de tes astres sur ta face,
ta gite, le gisement des quais selon ta hanche
— Ta hanche dans ma main droite sur le quai... tu vois
que j'écris gisants pendant que tu ne dors pas.

Le récit

Brait là-bas peut-être un âne — un bruit. « Impartit »
lâche le livre étrangement. Du vent tourne comme une pâtis-
sière. La mort accroche des enfants à son porte-mâchoires.
Arrime il est entre la vie et la mort. Il est là où l'indifférence
a crû, le deuil a rétréci, et l'amour juré se reporte. Le pan
de la benne décharge sous la polaire. Le jour ne dicte pas
sa loi au sommeil. Partout cependant le voisinage est menacé.

Fabrique

A tout prix je veux rentrer en la langue, faire don aux
possibilités de dire de cet égarement vers ce qui maintenant
a reçu nom de toi, ce qui s'appelle énigme — cette cour,
cette lisière, ces étoffes, ces seuils de Paris où tu es bannie,
et je voudrais que le poème se fasse roman pour y attirer
les gestes de la cuisine, les propos de téléphone, l'emploi du
vent, l'insignifiance de ce qui nous sépare de la mort ; à tout
prix redonner à la langue, qui en serait le tombeau, tout ce
qu'elle nous donne qu'on appelle son dehors, et l'y replier,
cette vie, dans un battement dont elle serait capable, dans
un baroque obscur monument de son défaut, que d'autres
lui reprochent ; fuyant par la pensée * dans sa forêt de mots
arrachés à la nuit (bistre, carat, pointure) *et relapse avec le*
lexique, l'amuïssement et les phrases familières, comme un
concours en somme de vitesse sur les obstacles à travers le
taillis, d'adresse meurtrière et négligente qui halète jusqu'au
blanc bas de page, de verso, au banc de repos, ouf ! Et de
même manière traverser en la lisant une bibliothèque à sauve
qui peut ramenant des livres dans mon livre, re-sus-citant, et
détruisant sans relâche pour les sauver du désastre les pages
admirables impossiblement condensées dans le poème

Utiliser préau

Sous le préau de mars le prunus ouvre noctambule
A Saint-Germain les bourgeons de Véga
Flattant ta lyre jusqu'à l'épivanouissement
Le vœu du poème est l'architecture

---

* *fuyant par exemple fuyant*
le grave au cœur du plus sérieux
jusque dans ta manière de faire
un exemple assourdi dans la conversation
et rapide comme un dieu qui manque un rapt

Aphrodite collègue

Moderne anadyomène des VC belle
la botticellienne dans un grand bruit de chasse
s'encadre sur la porte verte rajustant blonde
à l'électricité la tresse l'onde
et d'une manche glabre de pull
tire sur la jupe au niveau de l'iliaque

Une question au poème

Orgue et naseau, *naseaux d'orgues silencieuses*
comme il arrive aux dessins de Rubens, de Watteau
que la ligne parfaite se reprenne si bien
que plusieurs dessins d'une même chose
dessinent cette chose en surimpression d'elle-même,
cette nuit pour moi la face d'un cheval plus haut :
ruche du verbe frémir à dessiner
— l'ubiquité de bouche et de naseaux stroboscopiques —
je cherchais le mot juste pour cette pieuvre de contours
des naseaux, je trouvais celui d'orgue
et ne savais plus dans l'échange lequel était comme

Dédicace

Touche-moi de ta salive, Eppheta
Que je parle que je dise de source sûre
la résille des veinules l'emballage du fémur
« bistre   carat   pointure »
bien assez tôt viendra le contraire de l'insomnie
*   Mort où est ta défaite*

Les lettres

*(je t'écrirai donc par poèmes plus que par lettres puisque
le poème entretient, comme un destin qui s'émancipe, entre
destinateur et destinataire, et de lui on accepte qu'une vérité
moins sûre qu'il faut interpréter ménage l'obscure vérité)*

*Sans cesse ce qui est là écarte et repousse
et ainsi suscite ce qui n'est pas là
les neiges du Fuji les nus de la forêt
les mineurs moribonds de Sibérie Bolivie
Et ainsi la présence repoussante offre à chaque présent
comme à Quincey la nuit le peuple de son contre-jour
le déluge le jugement la divine
comédie dans sa balance inégale
Tout se rappelle ici métonymie foudroyante et sertit le présent
en éclipse d'une auréole de foudre comme
tes lèvres sphingeant le gouffre de ta voix
C'est une affaire de paix d'apurement du compte
une équation qui fait de ce moment la fin des temps
Chaque sujet nombreux œuvre secrètement
au meilleur du monde et cela fait l'enfer
et le feu paradis absorbe celui d'enfer
Si quelque chose comme l'homme existait
alors le Christ, la foi et même son église
seraient possibles et fondements*

Gisants

(Faire de gisants *une résurrection A quoi ?)
Mieux vaut guérir chaque jour l'inguérissable
(Ce pontife parlait d'un esprit de résurrection)
comme un médecin de Jaffa, forcer la mort*

à raffiner son mat, ce jour le même
que nous reconnaissons, comme un enfant qui se déguise
passée la surprise du réveil, sous son masque de ressuscitant
Je crois que quelque chose comme un air de résurrection
est au travail avec la mort et que c'est au poème
dont le dire emporte plus que ce qu'il enrôle
prenant les choses par les hétéronymes de l'autre chose qu'il
[désire
à dire de la poésie que ce que vous lierez
en son nom sera lié sur la terre

Cardiogramme

La Seine était verte à ton bras
Plus loin que le pont Mirabeau sous
les collines comme une respiration
La banlieue nous prisait
J'aurais voulu j'aurais
tant besoin que tu penses du bien
Mais le courage maintenant d'
un cœur comme un prisonnier furieux comme un cœur
chassera du lyrique le remords de soi !
L'allongement du jour nous a privés de jours
Le jusant de la nuit nous détoure les nuits
O mon amour paradoxal ! Nous nous privions de poésie
Mais le courage sera de priver le poème
Du goût de rien sur le goût de tout

HENRI DELUY

PREMIÈRE TIRADE POUR G.P.

La terre I

Parcelle de mur   le nom   Qui dort
Et l'os devenu géant   De quoi
Rose tranquille   Dort-il
Entonnoir   ou même le tien n'a plus de hanche
Corps blanchi le pied dedans

          Comme de pouvoir toucher l'hôpital
Tu verras

La terre II

Murs nus   Lino vert d'eau
Sol jonché de vêtements épars
Chaise   Table   Toile cirée
Reliefs de repas   Journal du soir
Problème géant de mots croisés

Je t'en parlerai

Tête nue

La première personne qui se présente
                              qui est un
Vêtement la première personne qui se présente est un vête-
                                                    [ment
Que personne ne veut reconnaître

Qui se présente ce corps modifié
Nu-tête

Un vêtement n'est jamais nu
Dit-il
Tête nue

L'enquête ne va pas tarder

Dit-il l'enquête ne tardera pas à le révéler
L'enquête d'une manière un peu lourde et
Brutale

Ce ne sont que fragments d'habitudes

La mort après

Réservé

Même bouche   à des bouts de miroir
Même bouche qui remonte
Qui remonte à des bouts de miroir   A la Ré
A la révolution
Même chose du corps viveur qui pâtit à l'intérieur
A l'intérieur du corps qui pâtit
Pandémonium
Délicate pâleur des deux murs les plus proches
Teintes douces des tapis qui se suivent à l'intérieur du
Corps   des deux murs les plus proches
Corps

Le tout dans un mouchoir sale
                              comme dans un grand miroir
Dit-il
Tu verras

Occupé

Vivre ou mourir   c'est une entreprise
Qui va finir   par changer la face
                              du monde
               Et d'ailleurs
               Comme il se plaît à le dire
Pas un chat ne peut sauter d'un mur

Toute la chambre demeure
Derrière lui toute la chambre
Un peu à l'écart
        Les bleus de la mer
        Les bleus de la mer
N'ont pas d'autres couleurs

La mort maigrit

D'une pièce

Prendre le temps pour une pièce de linge
   Elle dernière femme avant le jour
      Rejoindre derrière une lèvre gauch
         E quelques traces d'objets ou même la bessarabie
         Corps près des orifices

Comme de pouvoir toucher l'hôpital dit-il
   Quelques cheveux
      Lancés sur un os

Tu verras dit-il encore

Et d'une autre

C'est comme de prendre le temps de regarder chez le voi
Sin ce qui nous est commun une pièce de linge comme une
Colline moyenne dont les versants abrupts cassent le te
Rrain et rendent la lecture du plan de la ville comme u
N départ d'oiseaux

Car il y a trop de corps dans la bouche

La nuit
Le train
L'isole
Sur une façade s'ajoute
Il manque un plafond
Ça remplace une peau dis-tu

Car il y a trop de corps dans la bouche

C'était hier

? il y a un os   et puis
? il manque

.c'était hier
.aujourd'hui
.il manque

      Une espèce de veine circule

C'est le reste de ce qu'on avait dit
Même bouche
Même regard
Le pied dedans

C'est le reste de ce qu'on avait dit   qui manque

Tout du même côté dit-il

La révolution

    avec le sommet d'une pierre
C'est le bruit le plus léger cette façon
De tourner la tête
    avec des dimensions partout

Je veux bien rester sous un arbre dans la poussière
Je veux bien en être bien imaginer d'essayer encore
Bien être un champ de colza une casserole de vodka
Un parapluie qui louche
Je veux bien essayer de fuir dans les relations intimes
Les porte-parapluies les photographies de famille

Et m'y faire une tête

JEAN-CHARLES DEPAULE

BLANC : BORD À BORD

DE BLANC d'au-delà du violet de l'une

liminaire l'initiale qu'ouvres-
fermes-tu l'uniforme terre à plat

pilée brique tabac d'espagne l'œil
erre pas d'eau flaque peu de nouveau

quand la ligne s'affaisse voici
cailloux quelle ville   ou après

de plus haut brun (noir) et (vert) des éclats
courts de lame éclats sur éclats de mer

vraiment loin de blanc

               d'en haut ici glissant vu d'ici
               en vol cet ici est cette tache elle
               glisse saute traîne aux bris aux plissures
               adhère aux bords ou arrachée aux arbres
               ondulant c'est presque immobile l'aile
               mou flocon-mouton
               coupant peu et quelques perles jaillies
               une à une à nos yeux *il n'en sera*
               peut-être pas ainsi Dire : finir
               comment mesurer

couleur rose-bleu

ville-villes   chemins striés
d'ombres routes de murs d'arbres d'allées

enclos — ou déserts — lumières
coulantes écrasés éclats d'à-plats

elle pose son pied son pas premier jour
de guerre machines en marche qui

vont de longtemps su d'oubli tomberait
vive force lasse au pas des robes va

bordant des routes des rues

ne comptant bordant robes avançant
juste au milieu continueront d'aller
nettes mécaniques crues (qu'on devine
vues d'un œil) tendant au ventre hanche
et tendre ondes en réseaux retours
lents
sans heurt effets résolus sourds
en suite tantôt
suivantes de suivantes s'éteignant
passant d'ombre en gloire-lumière en ombre

et de lumière

infection plus — elle marche son pas
couchant soleil levant *souverain*

ébloui
aux creux recoins rainures

humide boue
la boue noire

gaîté de nos fontaines de l'air
passé sur l'air de l'eau

de l'une à l'une au jour

        du soir
        plus mots — brûlants chauds
        filant sans plus — sans gel
        de
        liant — ni tain
        couchant soleil — ni contredon
        imparable orient
        (petit   (sans
        o)   double)
        sans

d'ombres lissées brèves elles tremblent

Il faut lui dire détails d'endroits d'heures
d'odeurs de silence serré ce cercle

effets épars   de bruits
plein — par exemple des autos tournaient

les griffures ou gouttes comme loin
sur le bord du toit même des minutes

secondes motifs du mur-papier peint
noir sur noir de savoir ne saura

sur ombre souvenir de souvenir

                    détails une pause
                    d'heures —
                                effets épars boucles ouvertes
                    d'odeurs —
                                autour au ras les choses un
                    comme —
                                temps ciel en bascule au plafond
                    le bord —
                                sens retourné se souvenir
                    la chambre

lèvres défaites D'en recoudre bords

bouches au liant des langues un peu
de salive (De récit en récit :

pensait se souvenir de verdure hors
des murs puis l'asile-au-paradis vide

Cris en couloirs douleurs délivrées cours
soulagement de l'eau ciel sur œil

clos   Etouffées fumées envolées
C'était dans la ville)

                    sous le rouge A BLANC

                de blanc
                cerf-volant enlevé le fil coupé
                s'en allant ou pigeon volé voleur
                et le vent   oublié soit tombé du
                poème de morceaux de terre d'air
                à la trêve déglutir soif d'envie
                déliée
                de cour de ciel ouvert et quatre murs
                Revenir
                lèvres sèches sous exsangues couleurs

MARIE ÉTIENNE

CE MOUVEMENT
DE L'EXTÉRIEUR

Ce mouvement de l'extérieur si ample l'extrême du
dehors son excessif réel vers l'intérieur perpétuel-
le rotation des centuples au simple du fracturé au
doux-amer vers quelle paix m'amène-t-il ?
Je ne connais pas ce square près de l'église
à l'abri des voitures où la chaleur rend immobile. Il
est bien évident qu'on ne répond jamais

jamais à personne. Arrête ton histoire. C'était déjà
fini sitôt que commencé énoncé sitôt que conçu
inutile non mais sorti nu de l'abondance et seul jusqu'au dernier des mots

A l'intérieur il est bien évident qu'il n'y a rien
que l'amour à l'intérieur de quoi il n'y a rien non
plus. Poursuite gelée dans la surenchère quand on l'a
fait il n'y a rien

à faire que recommencer. Ou s'en distraire. Ou bien
recommencer à en mourir à l'intérieur de nos deux
ventres qui se fouillent, forant debout et accotés
à la colline ou bien glissant entre les lèvres et jouissant étran-
glés ou bien

craquant indestructibles et en redemandant

sans cesse car le désir à tout jamais cogne barbare et
il ne faut pas croire que l'homme en bas   la femme aussi
est son objet et son remède pas croire que

même le calme peut cesser d'être violent. Ceci n'est
pas du désespoir. Le monde est lourd et passe nous lé-
chons sa merveille. Chaque matin préface un nouveau trouble

Il aurait dit : oui je te range et je t'inscris. Tu es en
place   tu peux attendre   importante tu es   l'importance
souris-moi je suis   plus léger dressé quand tu attends
à te saouler tu tiens comme un bonheur   comme la poésie
très peu de place mais

je ne veux pas te perdre   je veux que dans ce jour où j'attends les oiseaux où je n'attends personne   je veux que
par mes yeux tu t'entendes crier.   C'était un jour sans le
soleil et la jouissance était   comme de vivre trop extrême

trop exquise blanchie dans l'aube par la nuit   la rotation
autour des murs à ahaner   fléchie sur les genoux   et pour
l'amour

comme une infirme à répéter la même phrase. C'était
une aube où s'agiter près du silence où se toucher
car disait-elle

rien de plus émouvant que de heurter ta porte peinte
comme en marchant passante reconnue et quelquefois
poussée

par une main inévitable. Le vent aurait vieilli dehors.
Et dans la chambre verrouillée l'amant(e) aurait changé

d'adresse de cheveux   on ne trouverait plus que des draps
repliés   la consistante odeur

de l'amour qui s'est fait   jeté d'en haut   causant malheur
et poussant quelquefois à délirer des contes. « Tu as le visage d'un homme assassiné de face   et qui en a gardé les
yeux ouverts. »

Elle rêva qu'il ouvrait dans son ventre une bouche   une
de plus et pour ce faire   pour que sa forme fût bonne
et belle   il appelait de grands artistes peintres   de
fins décorateurs   qui campaient là

dans la fêlure proche. Elle savait son bonheur
surtout quand il disait je te désire sans cesse
dans le milieu par ton travers et jusqu'au fond

où Dieu remue   je suis épris de toi tu ne sais
pas comme je suis épris de toi   au fond le feu
et les collines   et ce désir planté

voracement je m'évertue à le scander   par le travail et par le songe   le travail surtout   l'inscription des poèmes

Tu te souviens d'une autre femme   perdue d'avance qui
pleurait   l'abondance est insoutenable

l'erreur aussi. Tu te souviens d'avoir saigné   sur les
carreaux d'avoir voulu le dernier mot

pour que revienne l'aube   tu te tiens désormais éloigné
souverain   et c'est pourquoi je tremble à te voir sans
visage   à ne toucher que ton silence   et la mémoire
à tes talons

Elle aurait renoncé   elle aurait tout perdu pour chaque
fois trouver   si nécessaire si possible   son corps dedans

Demain sera inévitable   d'autres hommes entreront dans
mon ventre   ils s'assiéront au bord du pont d'alors   élu-
dants   et lucides   tandis que je reniflerai le sel de leurs
chaussures. Une autre femme sera en bas   pissant le sang
qui séchera   le sang patient des abattoirs

Je cicatriserai   touchant la terre des confins

Je dis cela fragile et noire   entre deux trains
parce qu'aussi bien je peux passer dessous ou me
hausser jusqu'à un dieu

jusqu'à la grille du jardin passer la porte et le trottoir
vers les passants

C'est une issue et la bonne heure   quelqu'un chan-
tait dans le jardin   quelqu'un riait devant la mer
et par caprice.

JEAN-PIERRE FAYE

ÎLES

à Syeeda

⁂

mais ayant brandonné
urras . et déserté
anarres . ou bazardé
terre . et ciel . ciel bref
ne gardant que beauté de
hors lieu

et si j'avais souhait
de quelque chose ce serait le corps
pour toucher
syeeda . et qu'elle soit
mais qu'elle ait

fût-elle venue de sacripant de
circassie le tcherkesse du
kouban de l'elbrouz du mont
cocasse

et qu'elle traverse

le romarin ou l'encens d'eau
l'encensier . sélin des marais
l'absinthe . le sélin puant
l'encens de javas . le benjoin
le 'bâr djawi ou binjouyn
ou résine de sélinonte
en trajanopolis . où par
incision découle
l'aromate au goût

et sans être
prêtée . qu'elle ait
souffle sur les lieux

où tourne la
renverse

se donnent
les réversales

***

charbon et lumière
rayent mes yeux

corps et cible
au ventre
me séparent

pensée au centre
m'éloigne et
me jette

manque me prend
et me tourne
retourne
ongle et fibre

bats le centre
dans le corps

écarte
le ventre

arme les dents
sur la langue

     fosse m'attire
     et dissout

     vrai me donne
     faux me lacère

     demande la donne
     reçois le crible

     renverse
     le dessous

     rends la part

     rayonne
     le repas

fiance noir
et soleil

jambes et
langue

reins et
pensée

secret avec
manifeste

ligne avec
douceur
du ventre

femme d'ombre
avec le
plus grand jour

fiance force
dans le temps
des larmes

avec la fragile
qui est
de parole

fabrique
l'accent
long

donne le ton
qui monte

îles du souffle
dans
la grande vague

*
**

de toi j'ai besoin
batterie de
sang

besoin de bouche
et de fond

besoin de nuit
de drap et mélange

de toi j'attends
son et mains

de toi je tends
et trame jambes
et noir

amasse souffle
goût et centre

*
* *

dans les os
craque
le présent

paradoxe coupe
sommeil
et faim

je fie le temps
en tes mains
je le mêle
aux doigts

solaire une
sans miroir

je te fie
l'avance
que je prends

*
**

solaire nue
le besoin est
de chaleur

je fie la fraîcheur
au besoin
d'entre mêle

je fie la force
à une voix
qui me noue

noirceur et soleil
blond charbon
d'île

toi qui jettes
nos bouches

***

si tu ne m'aides
je meurs

je meurs
par ton aide

il y a douleur
de périr
par ta pensée

pensée m'aide
par douceur

pensée
fait mourir

corps sombre
à cette pensée
corps aide
à la hors pensée

pensée m'aide
à ne pas périr

corps te montre
nue en pensée

*
**

mais ayant abandonné
la branée
de corps

homme et femme
dégriffée

attendant l'aide
du corps
en pensée

souhaitant atteindre
pensée par
toucher

attendant d'être
démantelée

ni griffe ni dents

mais ne pouvant
mourir par souhait

ne puis morir
por soheidier

haletant
sous le hait

n'attendant nulle aide
dans l'étoffe

dégrafée

à l'écoute
du soheidier

où travail vient fleurir
où corps protégé
rejaillit

entre les pierres
de méditation
quand se condense

le souhaiter
la vue d'au-dessous

la laine de la robe

alors corps aide
dans le pli d'orgue
à s'ouvrir

l'aine pensée

par le feu ardent

la panthère brève
blonde noire

poignée de couleur
ramasse
le bond d'encre

griffe
en soleil

et soie

nuit par
soi

jaillie
par autre

dans la forge
touffe
de souffle

l'entregriffe
velours et
pulpe

sa griffe
marque
au ventre

DOMINIQUE GRANDMONT

SOI-DISANT

« SOI-DISANT »

Mais non ce n'est pas moi qui parle ni toi ou n'importe qui d'autre à ta place après tout on savait quel prix donner à ce qui n'avait pas de sens (affiches minutieusement lacérées)

cela nous le savions si c'était la nuit c'était l'aube si c'était la lumière on pourrait parler d'amour non l'encre n'est pas du sang comme quand on croit qu'on est coupable de quel mal était-il atteint ? que cherchais-tu à remplacer ? qui cherchions-nous à remplacer ? et je n'ai jamais su donner de définition exacte du mal et pourquoi fallait-il que le jour augmente tu te promenais dans la grande ville comme dans un champ de blé sous le ciel impressionniste les immeubles paraissaient noirs

c'était tout pour l'histoire même si l'histoire était tout le paysage était aussi haut que d'habitude les nuages splendides ils faisaient bien dans le tableau et les pneus révélaient l'asphalte mais cette neige où tu marchais ne venait jusqu'à moi que si tu la voyais toi aussi que si tu comprenais toi aussi la fumée la boue et les bâches non pas comme moi en même temps que moi pour faire du chantage en images surgies d'avance comme si les miroirs allaient transformer ce qu'ils voient par la simple vertu d'un escalier ou d'un couloir d'ailleurs il n'était pas question d'écrire même en couleurs ni de changer de siècle comme on change de trottoir ou de chemise tu ne changerais pas même en supprimant tous les signes tu ne changerais pas même en brisant toutes les vitrines même en te supprimant toi-même comme une borne infranchissable et souvent tu te rhabillais dans une chambre inconnue une impasse pourtant sur laquelle la nuit s'ouvre comme une fenêtre il faisait jour tu te filais un coup de peigne en vitesse nous ne faisions que vivre comme nous parlions avec des mots aussi nécessaires que la respiration juste à ce moment-là la pluie s'était mise à tomber « arrêtez de prendre tout le monde pour des dieux c'est pas possible » amoureux disions-nous du même disque usé qui craque et moi c'est pure hypocrisie si mon discours s'articule et quoi d'autre sinon que les jours rallongeaient cela venait du reste ou le reste venait de là ce n'est pas moi qui tiens parole c'est la parole qui me tient tu collais des étiquettes de fruits sur la glace quand c'était l'heure lui sortait de lui-même en dernier le pied sur sa valise comme sur un fauve qu'il venait d'abattre

et non pas les brouillards de l'éternel présent ou des bruits seulement qui ne ressemblent à rien mais l'espoir aussi fort que le vide et ce que tu touchais redevenait soi-même leurs ombres luisaient sur les murs comme de la peinture fraîche la guitare en cognant fit un bruit de bateau mais c'était bien ici les choses déjà vues résonnaient escaladant la rue d'en face la gare était une piscine rêvaient-ils le cri des affiches et tous les regards dans un seul et tout sens interdit ou l'ailleurs des vacances-loisirs à ce moment-là les pigeons étaient tous à l'horizontale les arbres m'attendaient les tours une clé pour l'espace non le temps n'en finissait pas de revenir à lui

une bague à un droit sur l'autre un pansement le fou poussait des cris stridents le menton en sabot avec sa gabardine informe en regardant à la loupe en plein soleil le papier jaune du journal des courses à l'entrée du métro peut-être voulait-il simplement l'enflammer il se retournait en lançant des injures énormes mais qui n'étaient sans doute pas assez fortes ni même certaines puisqu'il les répétait sans cesse

« L'AUTRE PAR TERRE DE QUELQUES ÉCRITS »

Oui c'était une chose étrange à force de ne pas l'être au milieu de ces prétendus événements de ces prétendues habitudes qu'un seul élan devait vous rapprocher l'un de l'autre vous faire un instant cesser de jouer la comédie ce que vous alliez faire ne regardait que vous ce que vous faisiez maintenant nous concernait tous vous étiez au-delà de toute espérance

Pour toute rupture tu me donnais un mot pour l'autre mais lequel foules endimanchées là-bas comme une lente montée de phares dans la brume et ce miroir faiseur d'idoles sans atteindre jamais la profondeur des pierres quel paysage réciproque ces collines déjà droguées par les prières

Ou seul l'autre par terre de quelques écrits ce qu'il reste un jour d'un magnificat pour justifier les horizons manquants les montagnes même incomplètes

Tu disais : pourquoi moi je ne parlais aucune langue je franchissais juste des lignes entre le même et l'autre je dépendais d'un mot car il fallait l'écrire et c'était le contraire d'un livre

Et tu étais ma propre mort irremplaçable et ma propre naissance j'étais à travers toi mon guide et nous n'avions qu'une parole où l'écho devançait le son je t'aimais comme on aime vivre

Je t'attendais quelquefois même là où tu n'étais pas (ses mains ou celles de chacun le dos bien sûr rien n'était froid)

Ou j'entendais la porte : c'était son cœur et ses paupières un pas sur le gravier je ne voulais pas savoir quand

Il faisait si peu de lumière qu'il avait du mal à déchiffrer les noms ou les prénoms comme si rien n'était un jour il te dirait pourquoi mais pas avant que ne commence enfin ce qui précède

Nous venions de si loin mais chacun d'un temps différent comme ôté vraiment de lui-même et je disais rien n'est unique tu retrouveras l'autre nom des choses

Même la pensée s'imagine partout et les objets sont des événements

Alors le vent disperse une poignée de souvenirs il n'y a plus rien mais c'est tout le sable qui recrée le geste le papier qui vole près des fenêtres il ne retombe pas il est un peu trop blanc

Nulle part au monde ces arbres nulle part au monde ses yeux toi qui m'écoutes tu ne fais qu'essayer à nouveau de recommencer sous un autre nom

Nous ne sommes pas grand-chose nous sommes tout nous entendons l'heure sonner des deux côtés de notre peau

La nuit tombait et c'était l'heure où le moindre passant m'aidait à me vaincre moi-même ô vous soldats d'aucune guerre que celle qui vous est faite

La musique à travers les vitres et des cargaisons de fumée où était-ce en quelles autres chambres et trop tôt pour le deviner quand même l'aigu était grave

Tu pressais le pas mais qui d'autre irait te regarder ou bien la pulsation des phares jusqu'à ce que tu trouves ce bout de papier la silhouette des arbres tu avais beau écrire la feuille restait blanche et l'autre aussi celle où tu commençais seulement à comprendre pourquoi la mer enserrait les montagnes avant d'effacer tout

Quand ce qui a eu lieu aurait lieu tu verrais l'avenir tout entier devant toi

Juste un arbre planté si près des choses et lui déjà plus qu'immobile

Je n'étais pas un torrent de montagne qui fracasse tous les échos dans les miroirs je n'étais pas le ciel ni le printemps si doux dans ses vallées lointaines qu'il fait s'agenouiller les oliviers et l'ombre trop bleue des maisons

Car le temps c'était toi tu te tranchais la main en rêve et tu avais des pieds de sable une marée venait défaire les traces de la veille

Rien ne trouble plus le sommeil de ceux venus au rendez-vous (autrefois peut-être les larmes le vent qui soulevait les blés ces prés inachevés ou rochers qui dormiez debout) la nuit quand ils marchaient dans l'ombre

Geste de vivre un corps ultime comme un aveugle comme en fraude pour recommencer par la fin la blancheur par toi divisée

Ou la main par-dessus la nuque pour imiter jusqu'à l'oubli et l'aveu plus grand que la bouche (ce qui était de trop manquait)

Ses bras étaient du pain du vin ses lèvres le monde avait des toits

Et moi je voulais prendre appui sur les mains pour sortir de ma poitrine

Peupliers viaducs le train presque vide la lèvre fendue pour avoir parlé

Je veille et c'est moi le mort la bougie ne tremble pour personne et je ne parle pour personne même maintenant je ne parle pour personne

Ailleurs était ici la chose dite : son contraire ta propre voix qui disparaît vers le silence le plus proche

Car le jour ne vient plus ou s'il vient : c'est un rêve et si tu veux toucher l'image tu ne montreras que son ombre à l'intérieur de la peau : l'autre

Les yeux bandés revient le jour et tremblant comme flèche au but n'importe qui c'est moi l'autre quand tu es seul

Je n'ai jamais pu dire que cela bruits de voix les mots déchirés dis-tu ont la parole et je te perds au moment même où je te trouve

Après tout devenait possible même la définition utile puisque inutile ou simplement l'effort d'imiter les autres

Et les gestes leur échappaient les mots qui naissaient sur les lèvres comme pour partager les deux nuits d'un seul monde

Puis ils escaladaient le mur d'une chanson d'une violence
cela ils ne le faisaient qu'une seule fois

Les cols si blancs au crépuscule musique sur les boule-
vards et eux masqués sur les motos masqués par leurs
paupières

Comme s'il était cinq heures à toutes les horloges tu
avais quelquefois le mal de tous les pays

Des deux côtés du mur encore puisque pour toi le ciel
était cet œil ouvert

JOSEPH GUGLIELMI

MAHASUKHA,
LA GRANDE JOIE

Dans les textes tantriques, on trouve de nombreuses références à *mahasukha,* la grande joie...

Chögyam Trungpa

La joie ici n'est pas un plaisir au sens ordinaire, mais un sentiment de liberté ultime et fondamental, un sens de l'humour, la capacité de considérer ironiquement le jeu de l'ego, le jeu des polarités...

(ibid.)

Merveille la sensation du
dehors du du dedans mange
libre de amor de celo
gozar quiero briller la
goutte de rosée se perd
dans la mer brillante
libre d'amour et l'arbre
arbre éclate en reflets
libres et rêver un dieu nu
qui te capture debout
dans la poussière devant
les grands miroirs de la mer
maintenant jaune et or
la mer *rokoku* auréolée
de mort et *mahasukha* surgit
la grande joie gilet indien
de lecture mauve et bleu et
nous marchons le long des
quais petite langue rose

entrevue et goûtée où la
pluie mange corps select
bouche d'éther musicien qui
palpe une bouche vissée dans
la nuit son corps est transpa
rence and thick fur light and
far avec la chatte Bebeya
the cat push une bague à
son petit doigt deux pointes
roses vibre *wow wow wow wow*
merveille de la fleur peinte
de poussière dans un bol du
grand fleuve noir of grass
is bright red briller l'herbe
rousse les fruits mal dessinés
aux douces bouches blessures
with my man rolling around
the way he'd heat me sa façon
de se glisser en moi. De se
laisser couler where I was'nt
born à la fenêtre ou vibre
une rose fleur d'abeille
morte *Samsara* qui servait
de guide et les conduisait
entre les montagnes sanglantes
per farsi possedere scripturas
ex utraque parte écrites
des deux côtés Ah rose de
juillet entre les dents nues
merveille la sensation du
dehors ou du dedans tes
doigts dans la mousse de la
corolle de la mer tracée en
rouge en dentelle japonaise

et suce le lampadaire et ma
vision suite à cheval doux
were couched under the cover
à la pointe des seins verts
et touffus le rebord triste
*BZZZZZZZZZ ZZZZZZZZZ
ZZ !* pour avenir *Akh ! Akh !*
C'est ta rosée imagée le joyau
dans la bouche et servait de
guide et briller l'occhio
dal grembo e la strega
guercia the one eyed shrew
a sort of *Mahakala : Kye-ho !*
Demeure dans la non-méditation
dans l'espace sans forme
et encore briller et tes
fruits are bright *Samsara*
que tout se passe au soleil
araignée ce qui n'est pas la
matière se dit mon âme soul
are with no expression no
and penetrable la même forêt
sucée ni calice ni doigt ni
En rêve escalade le pénis
de nuit allaitée immense nuit
sans fond où criait le baiser
du soir le doigt d'os de ta
mère tresser sa bouche pour
mourir écarter les lèvres
et porter le tout à son sein
plisser le ciel à la fenêtre
voir une fleur écrite des
deux côtés et les hommes te
conduisent où tu couches

entre leurs jambes noires
de soleil coudra le jour ta
peau vient d'une langue peinte
de sang entre les mots du
dehors et ceux du dedans
una palabra despierta de
sueño la fleur *wow wow* un
grand silence de lune au matin
une haleine de poète de
Deola de rythmes de voyelles
et d'images éparpillant
un corps d'homme pensif
singing in the old sunflower
by sea que tu pénètres à deux
mains sous sous le lit aveugle
d'abeille morte ou du matin
like a rose mother *HUHLUH*
sandales d'archipelago tra
ces greek letters assis sous
un arbre frais olive ou citron
Calvo Tomato Juice Beauty
et regarder respirer les nu
ages les vallées vibrer des
cuisses muettes d'eau nue la
page 107 : la plaie le havre
te rendent lyric dont tu écart
erais les lèvres dégageant ces
boues de sang souillées de temps
de souvenirs de cultures projets
de jardin d'Eden tranche d'aube
siffler l'alcool débourrer la
merde pour la grande joie
tata tata caca soleil froid
brillant *tata* shit. Perfect

harmony miam miam t'entrer
force muette bouger la langue
les yeux l'eau du cœur des pe
tites lippes comme dans ce jardin
poilu où l'infini pénètre
par les trous de nos corps
ET SUCE LA LUNE ET LES HERBES
Oh dark flower Oh rain Oh wo
man Oh flower without roots
sunlight falters Oh double lotus
plaisirs cavités secrètes
épiait les entrées brûlantes
et la nuit les livres s'ou
vraient sur ma queue au chaud
rêvait de faire bondir la lan
gue dans la grande tradition
et le sommeil lourd comme
la mer mangeant tes yeux ton
style viandes marchant le soir
: *eee eeee ee ee ee* Calins la
mouche le poisson ces feuilles
roses de chair écartée a
joy big in my mouth again
vibrer une grande joie dans
la bouche like a horse *wet*
wet wet wet wet wet wet wet
sucé le souffle il fiato un
sillon d'ombre profonde in
the grass on a july nite
to love in my lap merveille
sucia de besos besos bouche
humide de baisers baisers
entre les deux nues une fle
ur qui te sort de la bouche

une vilaine fleur peinte de
poussière morte ou *Samsara*
sur le ciel il y a des ois
eaux où ils couchent entre
leurs mains leurs jambes noir
es de soleil ta peau publique
Wow wow wow wow wow wow wow
le discours à la première
personne la couleur de l'air
oiseaux tu escaladais le pénis
allaité jusqu'au joyau dans
la bouche et te servent de gui
de bourré de vers de doigts
avec un masque tragique de l'
homme au poème cette part du
poème et ceux qui mirent leurs
doigts vivants je vous aime je
dans ma bouche muette ainsi
que l'absence d'âme du serp
ent le regard du serpent la
liberté du serpent la forma è
l'armonia è l'urlo l'urlo l'
l' vuoto le vide de la grande
joie la grande joie la voie si
propre et brillante qui répand
largement ses beaux reflets d'
or le cierge between scorched
cunts like in 1976 et tu sais
que les sons qui tombent de l'
arbre ou montent de la mer de
la mer jelled in the larynx c
oma que les sons naissent du
silence et du vide. Void now
and low like cow cow cow cow

comme une vieille vache paumée.
Void now and low like a old cow.
Sous une branche nue brille in
visible buvant le baiser invisi
ble le baiser et mouillé de la
        nuit

EMMANUEL HOCQUARD

ÉLÉGIE CINQ

I

Dehors, ni pluie ni vent. C'est la nuit.
Et ce n'est pas encore l'approche du matin.
Un temps mort au début de l'hiver : le temps des provisions
[de bord,
la part des hommes avec la part des rats,
la part des mots ;
Le temps sans amour où l'esprit en éveil
n'a plus rien à se mettre sous la dent
Si ce n'est quelque chose comme un bruit déjà lointain
et pourtant familier
De feuillages froissés dans l'ancien vent des nuits d'hiver ;
Décembre, en descendant avec beaucoup de précautions
ce chemin très en pente
Rendu glissant entre les murs par les pluies de la veille
et les petites branches.
Fouillant en vain la pénombre des yeux
à la recherche de détails complémentaires
suffisamment probants pour éclairer la situation
sous un angle nouveau,
Nous n'avons rien trouvé qui ne nous fût déjà connu,
pas même le hérisson
qui se risquait à traverser la rue
Ou que la grille du jardin ne grinçait pas quand il pleuvait,
ce qui ne prouvait alors déjà rien
Et nous inciterait aujourd'hui à conclure que l'affaire
est classée ; que le bruit des feuilles
est le bruit des feuilles ; et le silence
une nécessité heureuse.

II

Tête brûlée. De ma fenêtre le matin je voyais les collines,

   en traduisant Lysias

Tu fumais des Camel et conduisais toi-même une Nash vert
                                                    [d'eau
         aux essuie-glace rapides ;
Et on disait que tu avais pour maîtresse
         une femme de mauvaise vie : Aurelia Orestilla
Mais après tout, cela ne regardait que vous : elle et toi.
Où donc avais-tu pris ce goût de conspirer ?
Fut-ce dans la pièce attenante à la salle de chant,
Au milieu des archives, des masques et des vieux décors
         qui sentaient le moisi et la colle
Que te vint cette idée de soulever les Allobroges ?

Déjà tu avais mis à rude épreuve la patience
         des professeurs, Marcus Portius,
Marcus Tullius surtout, dont la toge blanche
         dissimulait une cuirasse.

Pourquoi t'en être pris aussi aux promoteurs
Qui rasent les montagnes pour construire sur l'eau ?
         Avec le nom que tu portais
Et quelques solides appuis du côté du Sénat,
         tes dettes remboursées, tu aurais aujourd'hui
Un cabinet prospère sur les Champs Elysées
         et tu parlerais de César au passé,
Celui, tu te souviens, qui tirait les ficelles
         depuis son banc derrière le poêle.

Tout cela pour finir t'a conduit au milieu des collines
         avec cet air farouche que tu avais de ton vivant
Et maintenant, Catilina, ça te fait une belle jambe.

Avant l'année de référence, un hiver valait
pour les autres hivers. Pas de saison intermédiaire.
Des étés sans couleur et sans ombre
à cause du manque d'eau et des nuits claires,
Des nuits durant lesquelles les rats — eux d'ordinaire
si discrets, si pointilleux dans le partage
des heures et des lieux, les rats si prudents d'habitude
étaient ivres. Jamais on ne les vit mais on les entendra
trotter jusqu'au renversement de l'âge,
le changement de temps : le silence des rats en hiver.

Nous avons tout ce temps pour nous.
Tout le temps de peser nos phrases, car la venue du froid
n'est pas en elle-même un événement.
Les anciens mots conviennent aux situations nouvelles
et les vieux commentaires nous serviront bien encore cet
[*hiver.*
User des mêmes mots sera notre manière
de nous taire sans avoir l'air de laisser mourir la
[*conversation.*
Sans vraiment prendre part à ce qui nous entoure
— chacun a eu, dit-on, sa part de vie —
nous serons crédités d'un temps que nous n'avons jamais
[*connu.*
Ce temps qu'on nous envie bien qu'il ne fût jamais
le nôtre est un temps mort, échu par héritage.

Nous avons ce temps devant nous pour retourner les mots
qui rendent le son creux des idées grises.
Le temps passé, le temps perdu dont la mémoire est vide ;
Nous avons devant nous ce temps sans référence
aux mots qui ne mesurent rien : pas de mesure pour le
[*temps gris.*

IV

Pour toutes choses nous eûmes les mêmes yeux :
  le jardin d'autrefois et celui d'aujourd'hui,
  le jardin immobile.
Nous avançâmes au milieu de ce qui porte un nom
  et que nous avions appris à nommer,
Nous progressâmes dans les livres
  au milieu de ce que nous apprenions,
L'arbre vivant et l'arbre mort au même titre,
  songeant peut-être qu'une telle coïncidence
Ne durerait pas toujours car sa croissance serait sa mort
  et la pensée du modèle sa fin.
Notre amour n'eut pas d'autres lieux
Qu'une succession de regards sur des lieux de fortune,
  morceaux de choix ravis aux circonstances,
Une alternance de mémoire et d'oubli pour les choses connues
Et puis l'indifférence aux choses sues.
Le temps de l'amour fut cette suspension du temps de tous les
                                                           [jours,
  une brèche délibérée dans le temps des paroles
Et là nous ressentîmes ce que d'autres à notre place
  auraient également éprouvé,
Un contentement certain, quoique tempéré, d'être parvenus
                                                           [là
  où nous étions parvenus
Et déjà pourtant le vague désir de nous en retourner,
Une telle coïncidence ne pouvant pas durer
  puisque sa croissance serait sa fin.

GENEVIÈVE HUTTIN

STANCES PLAINTES DIT-ON

STANCES PLAINTES DIT-ON

Stances plaintes dit-on comme venant de l'autre
Votre proximité est avec la souffrance
Rêve hallucination tissant leur paysage
Conjonctif plainte qui ne s'entend pas j'écris
      sur le douloir de l'autre

Stances plaintes dit-on proximité de l'autre
Où figurer la lettre et l'arrondi des mots ?
La voile est l'arrondi des mots des inscriptions
Sur le bateau des morts tombeau imaginaire
      qui mène hors de la ville

Stances qui est la mort ? La mort ou bien moi-même
La mort ou bien j'écris que je n'ai pas su voir
Blanchissez les montants coupez les ouvertures
Stances plaintes dit-on comme venues de l'autre
      qui n'apparaît pas sans

Stances plaintes dit-on j'écris par le défaut
Rêve hallucination tissant
Tissant leur paysage conjonctif m'aveuglent
A ce que j'ai perdu

                              « Et je n'existe pas
seulement mon empreinte
aussi bien j'ai toujours
été
toujours
parlé
la pierre parisienne est plus tendre
friable
où l'on a transféré
mon corps
le ciel ici
très bas
très transparent
très bleu
touche la terre sarclée
fraîchement

De Bretagne
et de l'Arkansas
des bords du Tage
des Pyrénées
comme on a réuni
les marbres

Du Labrador
de l'Italie
les granits étendus
les marbres devenus miroirs
Noir d'Afrique
de Belgique
Rose de la Clarté
de Castres
Bleu du Labrador
Blanc pur
Arkansas
semé de gris
de noir

Mais la pierre est
est pour moi
transparente
spéculaire
mes yeux portent plus loin
que le décor intérieur
où je suis étendu
retenu

plus loin
que les livres de pierre
les colonnes tronquées
les palmes
les symboles
à demi oubliés
urnes voilées
arches
accoudoirs

Mais tourmenté
par les couronnes fraîches
les fleurs
les perles
les cellophanes
agitées par le vent
le passant ne sait pas
me rendre ce regard

poussières
poudres
cendres
de la pierre
de la chair
éclats blancs et noirs
flocons purs
et impurs
Arkansas
certains marbres s'accroissent
dit-on
et des excavations dans les montagnes
se comblent
d'elles-mêmes

des blocs entiers
frottés de sable
se détachent de la montagne
la pierre violentée produit un son étrange
un craquement long
presque modulé

ils ne s'étonnent pas
qu'un visage apparaisse
ceux qui ont isolé sa masse
comme une inspiration subite
et qui vient d'elle

la vision portée par la plainte
naît de la face comprimée
très blanche
très blême
tombeau imaginaire
qui traverse la pierre
comme s'il en naissait
qui l'ouvre
la déchire
la désagrège
c'est un étrange amour
qui enlève la pierre
et s'acharne sur elle
c'est le bateau des morts
qui mène hors de la ville
ma cendre
et
la disperse »

Stances séjour demeure... De ce rêve de mort
On me dit réchappé — Carence de la mort —
Je marche au long des murs des frontons des chapelles
Et ma parole est étrangement ralentie

est-ce pour cela
que je dure ?
— Non, dit l'Ange
des intervalles
l'autre continue
de parler
d'appeler
qui a perdu déjà
beaucoup de sang
sur mes lèvres
mais tu ne souffres pas
tu ne souffres pas tant
tant

(dans son décor intérieur l'autre continue de parler d'appeler)

— et je te dis
qu'il faut roder
autour de ma souffrance
dans cet appartement
neuf et impénétré
où l'on range
mes livres
mes objets
ce qui reste
de ma substance

Rôder
et s'acharner
autour d'elle
Ainsi les ouvriers
dans la montagne jeune
s'acharnent sur la pierre
qui ne vient pas d'un coup
ils l'entendent crier
craquer
en plusieurs fois
et voient perdant
son eau
le marbre dégoutter

devant son eau
qui se libère
ils s'arrêtent
car ils ne peuvent lui imputer
aucune dureté
Atteints par le soleil
d'après-midi
ils regardent l'entrée
du labyrinthe

où les restes
de leur nourriture
se dessèchent
et se fossilisent

une odeur sulfureuse
excrémentielle
venue de la pierre
blanche
et mate
sous les coups
de leurs pointes
métalliques
envahit la brèche
romaine

dans le couloir fermé
où depuis trop longtemps
il séjourne
encore étonné de sa mort
et revêtu de ses habits
oublié
et reclus
dans une cavité sans air
il lui tarde
ce léger contact — la visite
de l'animal —
qui le réduira
en poudre

« Où sont les pierres
sarcophages
volcaniques
plus tendres et friables
dont les pores
rongent les corps
les digèrent
en quarante jours...
Où sont les pierres
les plus douces
l'ivoire
le chernite
les pierres noires
de Chios
translucides
qui absorbent
ou laissent fuir...

dans sa grotte
dans sa cellule
ou dans sa chambre
d'écriture
il s'élève vraiment
le mystique
il cherche vraiment
l'autre vie
avec tous ses sens
son cœur
et son esprit
car il ne cherche plus
de passion
humaine

« Si je sortais
de cette mort
dit-il »
il ne dit pas
je suis seul
à souffrir
et il se mortifie
il ne dit pas
je suis mortifié
et dans la douleur
il s'élève encore
il ne dit pas
comme je crie
mais ce n'est pas toi
ce n'est pas
moi
ce n'est pas
nous »

ALAIN LANCE

DIX POEMES

Quoi de neuf

Je me suis glissé dans le temps où
L'océan ne revient pas au même
Suivant des mots relatifs aux nuages
Caressant graminées anonymes
Tout ignorant du passé des roches

J'existais dans les villes dont je
Traversais cimetières ponts de fer

Les mots

Mots d'origine
Mordus de courants d'air
Et de foule acide
Un petit arbre saigne

L'intolérable touche au corps
(à l'instant nous parlions des dents)
Et le miroir commence à perdre
Les eaux douces du lit

Trêve accablante
Pas un mur ne s'effondre
(un pas de plus et le parquet se plaint)
Plus rien sur l'instant n'importe

Ni la planète
Minutieusement minée
Ni l'émail final à l'ouverture des lèvres

Si le désir n'est plus la vie
Soudain se froisse tract
Jeté non lu

Jour de colère

Charcuterie d'orage
Aux tours des fausses villes

Le vent panique braque
Branches contre mes verres

Ça pourrait se traduire
Par du bon vin noyé

Affolées de sirènes
Les rues coulent au fleuve

Lampe nue dans la pièce vide
Petit hérisson d'inquiétude

Paul Louis R.

De cuivre entamé à brune bedaine
De la mandoline sur savant fatras
De grimoires multilingues entre les guerres
De la page éblouie plus un mot

Peintres sanguins calme peinture
Après-midi fantôme ainsi qu'un rythme
De courtoisie dans le salon liquide

Œil agile et jambe lourde
Retomber dans le jour du dimanche
Où sans but le corps bouge

Soixante-dix-huit

Lorsque fut conclue la rupture
Il se fit un silence il se fit un babel
La philosophie fut servie
Dans le boudin et les poings
Collaient aux tables poisseuses

L'haleine : un ragoût de rancœurs
L'œil du voisin : hérissé de poutres

Alors les jeunes gens coupants changèrent
Encore une fois de coiffure

Noir

Parfois des choses
A l'étale de la nuit
Sont requises par l'avide attraction

La chute est limitée
Le plancher résiste

Mais du puits de l'enfance
Tu remontes un seau de peur

Hiver

Les chenilles font gicler
Les cailloux du désert
Vers les téléobjectifs

C'est la guerre
Qui pénètre en nos crânes
De betterave cuite

Silence des dîneurs
Au banquet diplomatique
Un chien fou recule en grondant
Dans sa gueule un coin de la nappe

Abendbrot in Berlin

Au mur
Barque bleue dans les lèvres
Glacées d'un lac

On n'empêchera pas les rires
De tâtonner vers
Une oreille haut placée

Par ailleurs on peut constater que la culture
Culinaire progresse tandis que l'écriture
Implose

Un tramway presque vide entame en miaulant un virage
Dans le calme secteur des musées

Printemps

Printemps que tout cela, les tulipes
Tendent un gobelet rouge : boire un peu
De soleil au ras du mur, à l'est.
Après tout pourquoi pas le printemps
Qui vous enfièvre et que son chant passe
Trempé de mosique et de musaque.
Le printemps est un fait objectif
Fête abjecte objet fictif etc.
Pourquoi faire printemps, eût dit l'autre
Avoir un corps et la peur absente
Je n'en ai pas parlé : respirer
Sans mentir n'est pas l'ordre du jour.

Foire au printemps, gloire aux oignons blancs
Estragon ciboulette et cresson
Cuisinons mes amis car la vie
Etc.

Le printemps neuf compte les absents.

Vingt mars

Poésie Lyrik and poetry
Alignement sur le bois verni
Terrible rature
Quand un corps tombé à jamais
Nous isole
Quelques heures
De l'impassible frémissement du monde
En ce printemps qui naît à l'ombre de la neige

BERNARD NOËL

PREMIER CHANT

qui
    et de ce mot lancé
est-ce vers toi ou bien vers qui
la vieille plainte déchire
chacun confond le sang et le savoir
il y a fuite d'avenir
                    ô les dents
et derrière elles ces lèvres de vent
où va et vient le goût du présent
le compte n'y est plus qui faisait le jour
la lumière penche et
là-haut vient le bleu terrible
nul n'est sûr à soi-même
la faulx est dans le cœur cachée
et que veux-tu si la beauté
tient au passé toujours c'est
comme le pied à la chaussure
nous admirons ce qui ne mange pas
dans notre main et pourtant
que chaque baiser emporte la bouche
offerte mais gardée est un désir
qui
    qui donc voudrait
sentir sur la peau de ses yeux
autre chose que le vide du monde
l'aile a le même besoin
d'abîme et nous passons dans

l'air oubliant que
la vérité se tue elle-même
                    il y a
trop de doigts sur les choses
les mots n'en reviennent pas
deuil sale et que veux-tu
on t'avait dit de prendre garde
le souffle remue la langue
il nous reste un mur là-bas
de pierres aériennes et ce cadre obscur
qu'on appelle vie
                    mai qui
devine en l'incessant passage
la substance même de l'intimité
                              et qui
peut rire à la folie du reflet mortel
je est un écho
il roule sous le crâne
et qui l'a dit
                la voix ne ressemble à rien
elle est le tremblement de la chair molle
sa fragilité faite invisible
l'homme s'oublie dans cette fumée d'air
et la nouveauté sourit dans sa bouche
à quoi bon nier le une-fois
quand il suffit de desserrer la gorge
une goulée de temps est douce
dans le tombeau suinte une source
et l'herbe dis-tu fait revenir les morts
au jour
            trop d'ongles cherchent nos yeux
la tête se lasse d'être en haut
elle regrette le singe mais quoi
l'amour est le côté beurré

de la condition je me souviens
d'une chambre toute neuve et tu disais
la mémoire met des draps blancs
aux lits qui ne serviront plus
le linge sale vaut mieux pour le futur
et même pour le mystère et même
pour la poésie
                    qui ne va si souvent
à la ligne que pour souiller plus vite
et par saccades
                    qui est blanc
j'aime disais-tu j'aime tellement
être la ruine de ce que je fus
cela me déleste des idées que j'ai eues
cela m'aide à gaspiller mon nom
écoute le grand bruissement des cellules
la feuillaison du corps
et quelle haleine en est la rumeur
je ne veux rien d'autre sur
ma langue
                et vois-tu
je couche loin de moi-même
mes paupières restent battantes
le temps fait le tour de la terre
en attendant et j'espère j'espère
qu'il s'est enfin échappé de moi
l'ennemi
              il fut un temps où
l'homme ne comprenait pas le mot
homme un temps où l'homme n'était pas
lié à lui-même
                      maintenant je est seul
et le solitaire est interdit au ciel
du dieu-peuple et du dieu-dieu

il regarde la trace de l'oiseau
il regarde son regard se raccommoder
de cette déchirure et
                    qui va là
l'infini est le rapport de la couture
du monde avec notre propre couture
viens disait-elle viens
le passé ne doit pas durer sauf
dans l'oubli et vois-tu
le périssable est notre jour
il lave le monde et
nos yeux il permet que
d'autres visages portent notre nom
et qui
            qui fut moi
dans le temps où tu me regardais
le tu est la nuit des mots
disais-tu et le non-vécu
montait vers nous comme une vague
on n'en fera jamais assez
l'homme écrit son histoire d'une main
l'autre se prend dans la page
quelque chose qui lui ressemble
s'ajoute à ce qui est
                        mais quoi
le corps n'a pas lieu tout le temps
et l'émotion est chose muette
comme l'est toute chose
le je appelle pour être tutoyé dans
l'innombrable nous prendrons
le large les syllabes feront voile
l'avenir n'est pas un jour plus un jour
il est maintenant
                    oh dis-je

si tu ne veux pas de moi
le toi ne peut te revenir
pas plus que ton image de moi
ne peut sortir nul n'est en soi
hormis les anges qui n'existent pas
ton image criera
                oh injuste
injuste et mon souffle portera
le visage qui sur ton visage était
la beauté de mes yeux
et il restera tout à dire encore
de notre vivant puis tu marcheras
sur mon ombre poussant
du pied ce petit tas de mots
le désir
          le désir fut ce glissement
vers l'immédiate éternité
                    le cœur
battant le venir battant
pour que la forme du présent
soit la même que ce battement
quel amour les pierres blanches
autour du lit et l'air
entre les doigts passant
un silence la peau de l'œil
fraîche les mains cousant
une lumière
          je n'écrirai plus
disais-je et tu me répondais
il faut que vive de nous
ce qu'aucune chair ne protège
et qui n'a pas même de peau
dans son mourir
          je fais comme si

je me souvenais mais tout cela
prévient et qu'importe si je préfère
parler du futur au passé
ce qui sera et ce qui fut portent
notre maintenant il ne faut pas
trop de réalité à la fois
les yeux ouverts sont au présent
ils regardent la langue coupée
qui devant chaque chose pend
ou sur laquelle chaque chose est peinte
grandeur nature
                    nous ne savons rien
nous parlons avec l'accent du temps
coucou coucou fait en vain le perdant
et couac la bouche sent le vide
là-haut sous le palais
quel tombeau où va le mot
étoile tomber dans le noir
les visions n'ont pas besoin de sépulture
le mental est un lieu sûr
bien que provisoire il connaît les formes
sans être forme lui-même il est
multiple tout en étant un
et sa limite est en lui tout comme
en lui le perpétuel besoin de chavirer
hors de soi
              je vis de ma mort
ce futur soulève mon présent
le jour la nuit ne mesurent rien
car la mesure qu'est-ce que la mesure
une goutte d'air dans l'air
les yeux toujours dans les mêmes trous
la paille devenue poutre
                          suis-je

de mon temps
    drôle de question
mon temps n'est qu'à moi
que seraient les terreurs et la modernité
sans le papier comme cervelle répandu
en leurre de sens et d'avoir
comme il faut
    on me dit poète
moi pas
   en cela je suis d'accord
avec l'ennemi mais l'ennemi est poète
c'est pourquoi il aime la poésie
moi pas
   la poésie est une poire
introuvable quand on a soif
quelque chose appelle par-delà
sa propre disparition et cela seul
chatouille la langue dis-moi
quel nom quel miroir de nuage
mais tout visage se lève
de soi-même dès qu'on le fixe
et je meurs
    la main pose ces mots
et ne sait rien de celui qui pourtant
s'évapore ici même dans le mouvement
de nommer
    qui
et celui-là jusqu'au dernier
moment n'osera dire
c'est assez
   il regarde la main
est-ce moi fait-il
le corps porte tellement de je
l'un chasse l'autre et change la récolte

la saveur de la durée perle mieux
sur le il combien de places encore
en moi dessous l'unique peau
la succession est si légère
toute une histoire qu'on ne lira pas
sur le blanc de l'œil mais nul ne lit
non plus dans l'air cette partie
qui fut le contenant de nos paroles
le souffle à travers lequel nous
nous sommes touchés n'est rien
que ce tout et va le vent
d'une mer à l'autre d'une bouche
vers toutes les bouches la poésie
est comme l'air un poème la respire
un instant puis il n'est plus
que la gorge vidée la gorge
appelante et j'étouffe
de ne pas comprendre le monde
le même ciel sur tout déroulé
l'obstination de la vie
                    l'homme
ne peut être qu'un homme
et voici la chose terrible la chose vraie
hors de lui rien ne change
il revoit le vieux pays porteur d'air sombre
et le besoin d'avant l'histoire le reprend
le besoin de signes mais la terre est nue
sa gratuité crève les yeux
il ne traîne à la surface
que les squelettes d'une affaire basse
et violente
                le sang gèle
et celui qui pense à l'abri des paupières noires
rêve d'une vie sans mémoire d'une vie

pure il cherche un lieu où le temps
ne se diviserait pas plus que le ciel
maintenant dit-il chacun de nous
attend quelqu'un qui veut sa mort
et l'on appelle cela vivre
le quotidien n'est jamais clair
tout ce que nous disons est l'écho
d'un mot passé d'un mot
qui voudrait achever aujourd'hui
une chose autrefois commencée
nous voyons les mêmes étoiles que les morts
et l'odeur qui monte de la terre est le fantôme
de toutes ses fleurs
           change-moi
dit-elle change-moi de moi car tout
précède le présent ô rumeur
qui me double et me vieillit
de ma propre jeunesse écoute
j'ai perdu mes cris et mes mains
restent là posées sur l'air
regarde le seul désir est dans les yeux
les yeux ne signent rien
ils voient ce qui n'est pas moi seulement
ils sont la langue du tu et le tu
échappe à la forme mortelle
j'ai peur des pierres leur vie est trop longue
la mienne désire une durée qui dissoudrait
moins la mort que mon identité
tuante
     ceux qui ne voient que dans leur cœur
oublient l'amour dans l'amour
qui me repêchera au bord de ton visage
si je meurs de n'être que moi
ô langue langue à quoi bon

aller à la ligne comme si le temps
ne le faisait pas tout seul jour après jour
la lune tire l'eau la neige fond
mes dents vieillissent et le présent
est de plus en plus haut
mais vive l'abrupt
il casse l'ordre des choses
il donne enfin la parole
à l'évidence
                    mais qui
porte le deuil de soi-même
tant qu'il lui reste à faire
et c'est encore tout
d'avance j'ai fait la part du cadavre
il aura mon nom pas ma chair souviens-toi
la clé et dans la collision des contraires
il aime l'orbite débordante
d'inconnaissable qui est la bave
des esprits et moi pensant au creusement
futur je ris avec mes lèvres
que n'aura pas le mort
                            maintenant
vienne ce qui doit venir
car tout est regard debout
dans le présent même la chute
ainsi je vois monter les choses autour
de moi et grandir doucement
le cercle je ne sais pas ce qu'est
cette figure ni le pourquoi
ni le comment je n'aime pas
le chant pas le poème
et cependant je leur donne mon temps
car ils sont comme lui
le contre-moi

GEORGES PEREC

CINQ POÈMES

J'accroche à ce chiffon mon chiffre
　mon charme à cache-cache en ce miroir affiché :
　　jambe en brioche, bien cambré
　　robe en cachemire
　　coiffe en crin
　　caraco cobra
comme ça, à ma manière, à ma façon

Ça ne rime à rien ce machin, ce bric-à-brac ?
　macache bono, je m'en fiche !
　je ne me rebiffe ni ne bronche
　je ne me fâche ni ne crie !
　　à moi, mon Roi !
　　à moi, ma Reine, ma rombière, ma Mère MacMiche,
　　　　　　　　[ma Chimène, ma fanfaronne !
　　à moi, mon Chéri-Bibi, mon caniche nain, mon boa !

Je cherche, je biffe, j'efface, j'arrache, je recommence,
je m'acharne, je rabiboche

Ça fera chic, ce Brahmane fier à cornac, fiancé à ma femme
　　　　　　　　　　　　　[à barbe ?

Ça marche ! Je fonce, j'accroche, j'arbore, j'enfonce en force,
　　　　　　　　　　　　　　　[je jonche,
je crie, je mâche encore ! Merci bien !

　　　　car ma main forme ici mon ombre enracinée,
　　　　ma chimère en harmonie
　　　　mon âme
　　　　ma joie même

à France Mitrofanoff

entre cette trace et ton miroir noter ce frottement
mat cette arête comme atone et effritée comme
certain écart imminent — trait effacé confronté
à ta craie nette

être attentif à cette matière étonnante ce côté
terre-à-terre ce côté farine et cratère imitant
notre éternité réconfortante (comme ce métronome
amorti fractionnant notre meccano entartré) retenir
ce mot-à-mot efficace être et renaître en ce minime
titanic cette termitière animée ce tintamarre ce
crâne émacié cette aorte en carton crame cette
macération fermentée en mi-carême

rencontrer cet effroi intact ce reniement méritoire

et écrire ce mot terrifiant ce mot forcément noir rat
réincarné en notre territoire effréné affairé
incarcéré en cette cité-fantôme

fenêtre offerte à notre mort feinte affrontant ce
cimetière fané à n'en finir

ici et maintenant

à Franck Venaille

cela ne l'effraiera ni ne le fera rire

     la ville à l'infini

il la reniflera il la flairera

     la ville fécale la ville effarée

il ne rêvera à rien   il avancera
le café-calva en face   le ciné   l'avenir vicié   l'air calcaire

     la ville en vacance   la ville vaccinée

il ne vérifiera ni l'affre ni la faille

Flânerie. Errance.

     la ville écaillée la ville varicelle la ville calvaire
     la ville avariée

il verra venir la ville carnaval le financier affairé à la cervelle
                                       [nickel
la vieille fille avinée   le créancier vénal   la fiancée le fakir
la reine enfarinée la flicaille

avarice vieillerie vilenie féerie facile féerie fanée
rafle civière Vive la France

     •••

211

L'éclair vrille le ciel calciné

Fièvre : Revenir en arrière. En finir avec ce rêve à la flan.
Ecrire à la craie frêle la villanelle effacée

> vienne le navire à la carène effilée
> la fière caravelle
> vienne l'île vicinale
> arrive enfin l'avenir enraciné

en ce livre ancien vacille la vie vieille

14.05.80

L'encre mord le code harcelé

    elle adhère à la lande de mon crâne
    à ma corne de calamar décharné

mon errance a la démarche de la chamelle alarmée
elle en a marre de donner l'alarme, d'aller à l'école,
marre de réclamer de l'ordre, marre de ramer à la
recherche de ce monde de cendre

Oh, ma drôle d'armée écorchée, ma maldonne, mon choléra,
arrache à ma doléance l'arcane énoncé de mon élan même,
encoche la mèche nacrée de la corde à mon arc de cèdre,
ordonne à l'oracle malade d'alcool rance de marmonner le
                  [nom de l'homme moderne

la romance mallarméenne
me remémore le décor calme de ce mélodrame modèle
    écho de la mode, charme d'almanach :
    l'édredon décoloré, la nonchalance de la calèche,
    la marmelade d'écorce de cannelle, le hall ocre
    de l'aérodrome local, la cadence morne de ce
    rock-and-roll remâché à l'accordéon

Réclame de chrome, accroc de chlore, morale de chancre
    rémanence de Médrano, remède normal

Renâcler. N'en démordre. Recommencer.
Recommencer encore à cerner le réel âcre
Annoncer à la ronde l'échéance énorme, la Corne d'Or, Mar-
                  [mara,

la Mer, la Chaldée.

Ne dorme l'homme à l'orée de ce monde
Oh, mon cher camarade
On ramènera de l'Achéron
la rame morcelée de ce nocher ladre.

11.05.80

ÉPITHALAME

à Sophie Binet et Michel Dominault

En ce beau samedi de mai
Sophie s'est unie à Michel
et Michel s'est uni à Sophie
Ils se sont unis
et maintenant ils sont ensemble
comme Aucassin et Nicolette
et comme le pain d'épices et le miel
    la main et le piano
    la table et la chaise
    la soupe et la louche
    la tanche et l'hameçon
    la science et le doute
    la plume et le dessin
    la colombe et le millet
    l'hôpital et le silence
    la chandelle et la bouillotte
    la tisane et la madeleine
et même le couscous et les pois chiches

C'est une matinée délicieuse
le Soleil illumine la campagne
les abeilles butinent
un papillon se pose délicatement à côté d'un mimosa
les moutons bêlent
des cloches tintent au loin
Tout est calme et paisible
Au bout du petit bois

commence la planète immense
ses lacs ses océans ses steppes
ses collines ses plaines ses oasis
ses dunes de sable
ses palais ses musées ses îles ses escales
ses belles automobiles luisantes sous la pluie
ses salutistes en capelines blanches chantant des psaumes
  pendant la nuit de Noël
ses notables en chapeau melon tenant conseil au tabac de la
  place Saint-Sulpice
ses capitaines à moustaches embaumant le patchouli et le lilas
ses champions de tennis s'enlaçant à l'issue du match
ses Indiens à calumet assis à côté du totem en bois de santal
ses alpinistes à l'assaut du Popocatepetl
ses canoëistes enthousiastes descendant le Mississippi
ses anabaptistes commentant la Bible en hochant malicieuse-
  ment la tête
ses petites Balinaises dansant dans les plantations de cacao
ses philosophes à bonnet pointu discutant de la pensée de
  Condillac dans les salons de thé désuets
ses pin-up en maillots de bain montant des éléphants dociles
ses Londoniens impassibles annonçant un petit chelem à sans-
  atout

Mais ici le ciel est bleu
oublions le poids du monde
un oiseau chante tout en haut de la maison
les chats et les chiens somnolent à côté de la cheminée
  où une immense bûche se consume lentement
on entend le tic-tac de la pendule

ce petit poème
où l'on a mis seulement des mots simples
des mots comme camomille et manche à balai

comme bête à bon dieu et sauce béchamel
comme banana split et nonchalance
et pas des mots comme palimpseste pechblende cumulo-nimbus
    décalcomanie stéthoscope mâchicoulis
    ou anticonstitutionnellement
a été composé spécialement
à l'occasion de ces épousailles

Souhaitons à Sophie et à Michel
des années et des années de liesse

        comme ces mille années écoulées
        Où Philémon et Baucis
        tous les mois de mai naissent au monde
        lui en chêne et elle en tilleul

MARCELIN PLEYNET

JUSTES DIX

Tehilim
à mes amis polonais
à la vérité
à l'amitié
au courage

I

Ils sont le nombre
ils sont dans l'ombre
ceux qui parlent ils sont dans le vent

Nombreux ceux qui disent de moi-même
« pas de salut pour lui »

mais la lumière se lève
les ombres fuient
et le jour tombe

pas d'ombre dans la lumière
pas d'ombre dans la nuit

II

Dans le vent quelle parole
    quelle odeur
    quelle charogne

    qui se réjouira
    peuple de poux

    et moi-même dépeuplé
    elle m'a enfiévré ma mère
    et contre moi aveugle
    le mal dans les yeux

    Pourtant mon nom
             seul je le porte
             je le pénètre

    le bien être porte mon nom

III

Parfumé
je suis la voûte
le toit
la porte et la fenêtre

Et le nom
il est dans la tradition parfumée
et les compliments de sa bouche

IV

Mais ceux-ci en mensonge
                    pleurent comme des moineaux
poils rasés
            moustache de femelle
bijoux aveugles
                anneau chaîne
                rose faucille
                marteau dans la prunelle

dans les journaux
à la télévision
chiens et chiennes crevés
                    viande et poisson

leur cœur leur corps leur âme puent

V

Petit délire
pouvoir de petit qui les ronge
la mort dans la bouche
              dans les oreilles
              et dans les yeux   poussières
souffle de mort
tombeau fétide
carrière de vent et de papier

tu pues
tu pourriras dans la lumière

VI

En fleur
fumée joyeuse
rousse comme un parfum
la fin s'élève vers moi
pour juste dire
que brûle encore
dans leur splendeur
l'oracle
les lettres de mon nom

la fin du monde
brûle pour moi
charnier du monde
élévation
fleur de chair
le chiffre
la lettre
la couleur
l'éternité de l'être

VII

(l'action se passe en Pologne...)

Garde ton nom vide
le désespoir
la solitude
précipite ton patrimoine
au vide de ton nom
dans un tonnerre

VIII

Comme ils vous épient ils vous cernent
la politique pourrit l'esprit
            pourrit le cœur

le piège
        le chancre de la pensée
gouverne ma patrie

la terre s'agite
elle tremblera
et un feu dévorant jaillira de ma bouche

Comme ils s'honorent
                dans la clameur de leurs cris
tout mon désir est pour eux

IX

Il survit au cœur du monde
comme la musique exulte et serre le cœur
naissance
   merveille des merveilles
joie et douleur
l'esprit
  le cœur illuminé
la lumière semée sur son front
le vide
  la plénitude
nothing of him that doth fade

quelque chose de riche et d'étrange

X

Et pour la première fois ils parlent
dans la colonne de nuées
au jour
         tous les oiseaux du ciel
         les habitants de la forêt
         et les poissons de l'océan

Dans l'aube parfumée par le chant
par ce baptême

              la parole
                    la gloire de son nom
         pour la pensée qui passe sur les eaux

PASCAL QUIGNARD

L'e

Les arbres qui sont éloignés sont dépourvus de branches.

(Wang Wei précise que, tout d'abord, — pour peu que nous les prenions à l'improviste en nous retournant brusquement, aussitôt avec violence, avec splendeur ils paraissent nier qu'aux termes de leurs branches ils aient jamais porté des fleurs.

Puis, si nous nous éloignons davantage, — et à la condition que nous les regardions de côté — c'est à peine s'ils souffrent l'idée de se dresser, de s'épanouir, et de présenter à nos yeux la plus vague apparence d'un minuscule feuillage. Peu après, ils ne supportent même plus leur ombre. Ils effacent leur ombre sur la terre.

Si nous marchions un peu encore, et si nous nous retournions de nouveau brusquement, alors ils n'admettraient plus du tout qu'ils aient pu être des arbres. De leur propre mouvement ils seraient anéantis, et ils se confondraient au silence, et à l'invisibilité.

Ils se reposent alors.)

La première coquille connue se trouve dans un psautier imprimé par Fust et Schoeffer en 1457.

La bouche qui parle est invisible à celui qui parle. Quel est celui qui parle sans sa bouche ? Quel est celui qui parle hors de ce qui n'est pas visible ? Si celui qui parle n'a pas présent à l'esprit 1) la mémoire de la matière de sa parole, 2) la mémoire de ce que la mémoire, lors de la commémoration, ne garde pas en mémoire, alors il parle.

Le signe dit *deleatur* est attesté en 1520 (placards d'un ouvrage de Raoul de Montfiquet imprimé chez Philippe Lenoir).

L'*e*.
L'*e* prosthétique dans « écrire », « écriture », etc., est attesté dans les textes mérovingiens. (On trouve « escripsi » en 769. On le trouve à l'intérieur d'un composé en 718 sous la forme « adescribetur ».)
Guillebert de Metz note « escripvain ». Tory note encore « escripture ».
Ronsard fut le premier (en 1553, dans les *Amours*) à noter « écrivain ». En 1565 (dans l'*Abbregé,* mais la première forme est curieusement contradictoire) : « tu escriras écrire et non escripre ».

Dans le *Livre des morts* :
« Prie pour ceux dont le larynx n'est pas sorti indemne de l'épreuve de la mort. »

Sylvius demanda en vain que l'on écrivît *hom* au lieu de *on*. Les Byzantins mentionnent l'existence de papyrus longs de 100 m. La notion de livre folioté est chrétienne, celle de papier plus bouddhique qu'à pro-

prement parler chinoise. La prononciation de *p* dans
« psaume » et dans « psautier » est reparue au XIX° siècle : après « sept » siècles de silence.

(Dans « sept », précisément, comme dans « baptême » ou dans « sculpture », *p* est demeuré muet.)

Perceptible et imprononçable.

(Certains prétendent l'avoir vu reparaître de nos
jours dans « cheptel » ou bien dans « péremptoire ».
Cela après des siècles de retrait, de mutisme. Des
siècles d'inscription inutile, luxueuse, — tel un « arti-
culable-inarticulable » au cœur de ces mots. J'avance
l'hypothèse que leur lisibilité était telle qu'elle les
vouait au silence.)

Aussi bien, il avait sonné de nouveau, un beau
matin, au cours du XVI° siècle, dans « Rédempteur »,
dans « l'Egypte » qu'il est, dans le « somptueux » qu'il
est, par affectation de Rome, de l'écrit.

(Les grammairiens devisèrent longuement sur ces
espèces graphiques dont le statut est si particulier. Ils
leur donnèrent le nom de *lettres quiescentes,* ou bien
consonnes ineffables. Même, ils proposèrent différents
procédés de négation graphique par eux-mêmes très
paradoxaux — pour noter graphiquement leur absence
phonique au sein de l'inscription matérielle — en les
pointant, ou par « exponctuation ».)

L'*e.*

Ronsard imposa l'accent intérieur.

Corneille inventa l'accent grave.

En 1624, Lanoue se plaint que notre langue n'ait
qu'un seul caractère pour noter les trois *e* français.
Les trois qui sont dans NETTETE, ajoute-t-il.

(Corneille en 1660 inventa l'accent grave pour noter l'*e* ouvert ; et il en imposa le nom.

En 1730 l'abbé de Saint-Pierre écrit de l'*e* cornélien, ou accent grave : « C'est un caractere qui comense à s'introduire et que peu de personnes conoissent... Je dois la conoissance de cette letre à feu M. l'abbé de Dangeau. »

Ronsard en 1550 systématisa l'*e* à tréma. On le rend inventeur de « poëme », « poëte », etc.

La substitution de l'*e* cornélien à l'*e* ronsardien [i.e. *poëme → poème, poëte → poète*] date de 1878.

Les linguistes affirment que ce bouleversement idéologique fut étroitement lié à la métamorphose du kakatoës en kakatoès.)

Montflory, en 1533 :

« Ce dict petit poinct figuré Apostrophos : c'est à dire en Latin Aversio, et en Françoys se peult appeller Detraction ou Abolition. »
En 1548, à Paris, chez Wechel, Louis Meigret introduit le *j* (dans sa traduction du *Menteur* de Lucien). Il le nomme « je ou ji consonante ».
En 1559, à Paris, chez Wechel, Ramus distingua i/j, u/v en latin. Il les distingua en français en 1562. J et *v* furent nommés « lettres ramistes ». Et « ramistes » furent nommés ceux qui les utilisaient.

Scaliger stigmatise leur « grande folie ».

En 1583, Louis Elzévir distingua *i* et *j* et *u* et *v* bas de casse

Il n'y a pas de langage commun aux différentes langues.
Il n'y a pas de silence commun aux différentes langues.
Même, il n'y a pas de silence propre à chaque langue.
Il y a un rêve d'absence de langue, un « trou de langue », un « désir de silence » que tout emploi d'une langue « creuse » voracement en « abîme de langue », en « vertige de langue », en « vide de langue » dans le volume du corps de tout « parleur de langue ».

« Lux ex sua natura lucet, non ut ego videam. » (Nicolas de Cues, II, 12.)
(« La lumière luit de sa propre nature, et non pas afin que je voie... »)

Le sens n'a pas la capacité de connaître son opération dans le temps de cette opération. De même que l'œil ne sait pas qu'il voit, ni la main qu'elle touche, ni l'oreille ne connaît qu'elle entend, ni le nez ne connaît qu'il sent, ni la bouche qu'elle goûte.
Rien n'appareille et ne diffère le sens à ce dont il a le sens. Autant d'objets que de sens. Et quelques objets, pour l'absence de sens.
La lecture ne connaît pas la nature du sens qu'elle exerce lors de l'opération de lire.
On ne peut dire de la chandelle qui rend le lieu où elle est exposée visible, qu'elle voit.

En 1492 Antonio de Lebrija compte 26 lettres pour noter la langue espagnole. En 1524 Trissino compte

28 lettres pour noter la langue italienne. En 1557 Robert Estienne compte 22 lettres pour noter la langue française.

« Quodlibet esse in quolibet.. »
    (« N'importe quoi est dans n'importe quoi.. »)

(« Non est manus nec pes in oculo, sed in oculo sunt oculus, inquantum ipse oculus est immediate in homine, ut quodlibet membrum per quodlibet immediate sit in homine et homo sive totum pet quodlibet membrum sit in quolibet, sicut totum in partibus est per quamlibet in qualibet », Nicolas de Cues, II, 5.
    (« La main n'est pas plus main dans l'œil, que le pied n'y est pied, mais tous deux sont œil dans l'œil, pour autant que l'œil lui-même est d'une façon immédiate dans l'homme, et tous les membres sont ainsi dans le pied et, comme pied, d'une façon immédiate dans l'homme ; comme n'importe quel membre, par n'importe quel, est d'une façon immédiate dans l'homme ; et l'homme, le tout, est par n'importe quel membre dans n'importe lequel, comme le tout est dans les parties : dans n'importe laquelle par n'importe laquelle... »)

Wang Wei affirme que tous les hommes qui sont dans le lointain n'ont pas d'yeux.

LIONEL RAY

SEUL MIROIR

*

immense demeure
la ville   ou ton regard
ici   ailleurs

cette écriture   fragile
                           son jour
ses vitres lentes

            ce blanc nocturne
aux marches   invisibles
là   où rien ne change

lieu sourd absolu souverain
ce linge
              du violent oubli

pas un autre monde   ce
recommencement   de toi
dans le retrait et la chaleur

ni voir.ni toucher.s'enfouir
dans une parole   dans
                    l'or épais.

pas un mouvement pas une
attente   pas une ombre
lieu premier   lieu nul.

*

le silence   fait drame
          ruse du vêtement
ou du geste

ce fouet du rêve ce brusque
arrachement   hors
du centre

à demi-vivant   tête
vide   avec son cortège
d'orages

tous ces langages   trop
présents   le fouillis
des miroirs et   des cendres

j'écoutais le chœur des rats
toute joie était   la
bienvenue   cachant

ses débris —   l'inlassable
boue. j'écoutais
          ce travail du bronze

     confondant la capture et
l'accès   la question
et la présence.

*

pour un cheval
        sorti de la nuit
            idée fétiche aventure

pour ce mariage des vents et des carillons
                        interrogeant l'ordure
et les viandes   cet autre

en moi   fragmentaire
absent   de   tout lieu
— qui bascule vers on ne sait quoi

avec ses mains d'alcool pur
ce grondement dans la gorge
                        ses ruines

et qui cherche issue   lié
                    aux muqueuses
    au bourgeon du sang   à quelque

affiche bleue.   cette
fable   imprononcée
cette écume   cette

eau étroite
ce mal d'être et de mourir
cette porte qui ne s'ouvre pas.

★

nous avancions parfois dans le même
jardin   les mêmes vestiges
        l'excès foudroyant

d'une faim   que rien ne comble
nous étions des trafiquants provisoires
de voyelles indéchirables

nous vivions   par cette brèche
la tête bruissante
                    le cœur inachevé

il y avait ce vin tardif
                    la poussière
des marronniers

                    tes yeux sourds
        tes mains liant
tous les chemins

        le bleu véloce
(nous avancions dans cette cave :
                    la coïncidence)

tu parlais des mots attentifs
de serrures et de joies
                    négligées.

★

Ce sera   la lune
joyeuse comme un prunier
sauvage

ce sera comme
du temps englouti
modulé toujours proche

semblable à du sommeil
cette touffe de nuit
qui bouge qui respire

et qui grince
dans l'œil des poutres
ce sera   une herbe simple

dans le ruisseau blanc
la paresse des liens
de la chair et des ombres

la nuit au ventre
de fée à bout
de vertige

en nous   si près
de nous
            à quelques pas.

*

tellement nue   tellement
immédiate   à cause
du soudain   silence

comme un île
    comme un sillage
avec ce cou de colombe frêle

tu es toujours la première étape
              faible et forte
        tu veilles dans tes mains

et je pétris ce murmure
l'herbe épaisse
écharpe de fête

toi et moi
sans commencement ni fin
aux prénoms de fortune

        nous voyageons
à la recherche de la mer
dans l'oubli de vieillir

dans un pays pour nous seuls
étranger   fraternel
avec ses chevaux de nuage.

★

nuit des hélices et des routes arrosées
chanson d'époque et fraîcheur
— des mots la rêvent.

une femme le long de la nuit
                    bougie de ciel
on ne sait plus les distances.

tu regardes aux fenêtres
            les bateaux sont libérés
                    les feux s'épuisent.

tu te fraies un passage
            femme aux gants de crépuscule
                    beau chasseur.

la terre c'est pour toujours
            c'est pour boire jusqu'à ton ombre
                    l'infini noir.

la nuit   dans la nuit
nous attend   au bout de l'échelle
la nuit   s'évade.

ta voix est comme un drap de deuil
elle restera debout
lorsque nous partirons.

JACQUES RÉDA

À D'AUTRES...

Ecrire, on le sait, c'est aussi et parfois surtout ne plus écrire, subir cette désorientation dont l'impuissance n'est qu'un symptôme, et qui marque l'inutilité de l'expérience et le retrait de tout savoir. Comme elle a été faite, on peut se dispenser d'une analyse de cette langueur. Pour analysée qu'elle soit elle subsiste et, en somme, ne se porte pas trop mal. Voici une douzaine d'années, divers petits séjours qu'il m'a fallu passer hors de France coïncidèrent avec une telle contrariété. Mais dans la dépersonnalisation que favorisent les voyages, dans le bruit secret des langues, dans une vie dépourvue de vrai centre entre l'ennui des réunions professionnelles et l'anonymat de la chambre 7 ou 509, enfin dans le trouble à demi lucide dû à la découverte hâtive, fragmentaire, souvent nocturne, de villes dont s'accroissaient ainsi l'énigme et l'immensité, j'ai cherché un moyen de pallier cette défaillance. Sous le coup de l'émotion d'être devenu momentanément un autre, c'est-à-dire plus exactement quelqu'un d'indéfini (en quelque sorte une sorte de *zone* douée de conscience), j'essayais de laisser se substituer, à ce « moi » en état de dissolution, d'imaginaires poètes locaux dont j'ai cru quelquefois en effet n'être que l'ombre. D'eux-mêmes, d'ailleurs, en tant que personnes, je n'ai jamais rien voulu inventer. Il n'en reste que des traces que je retrouve sur des feuillets, et qui plus ou moins bien imitent mon écriture, avec ces noms interchangeables d'hôtels pour seuls témoins de la réalité de nos rencontres. Il m'est arrivé de commettre cette indélicatesse, d'introduire quelques-uns de leurs poèmes dans des livres que j'ai signés. Ceux que je recopie ici aideront peut-être à les y reconnaître. Je ne sais si je crains, ou si je souhaite, qu'ils tombent un jour sous les yeux de leurs vrais auteurs.

C'est du train qui surgit ténébreux encore de la montagne
et lance un nuage épanoui sur les pentes comme un salut
qu'il découvrit pour la première fois la capitale
et vit bondir avec son fouet d'odeurs et d'hirondelles
la danseuse diaprée qui porte au front le point du jour.
Mais il ne le dira pas, qu'à la citadelle de marbre,
aux temples graduels dont les architraves rompues
laissent glisser jusque dans l'herbe la dalle de ciel abrupt,
il préférait déjà l'étendue imprécise sous les fumées
et la mer poussiéreuse au loin comme un dernier faubourg
où s'éveillent les gens sans avenir, sans ombre et sans mémoire.

Au bout du jour comme un immeuble en démolition
nous avons de nouveau besoin d'un bond dans l'impalpable
et de revoir encore un coup le même film, d'entendre
même un peu désynchronisés tomber des mêmes lèvres
les mêmes serments prononcés par des femmes sans poids.
Et tu n'es plus que le reflet fiévreux de ces images,
leur double maladroit qui doit au moment de l'entracte
se rendre avec un port de reine aux toilettes — l'émoi
de déchiffrer les graffiti sordides te fait lourde
dans la pénombre pour les dieux expirants qui sourient
contre la profondeur glacée où grandit le mot FIN.

« Kirro », dit-il, « je l'ai revu ». (Tôt ou tard, mais
généralement assez tôt, ici,
quelque chose se passe entre garçons.)
« Jamais je ne m'étais battu. C'est drôle
que j'ai pu lui casser les dents
du premier coup et m'en aller
en homme avec mon poing
qui saignait contre ma chemise —
et pleurant au-delà des arbres comme une fille. »

Le soir, des types, lentement,
et seuls (parfois deux à motocyclette)
font le tour de l'hôtel où descendent les étrangères.
Et moi de loin, sous les arbres, mentalement
je tourne autour des types,
j'entre dans la folie encore innocente de leur
espérance, je vois
avec leurs yeux les arums et les cuivres, j'entends
bourdonner le bar engourdi, les sonnettes, je sens
avec leur angoisse descendre
et monter l'ascenseur vers les chambres des étrangères.
Entre minuit et deux heures les types décampent,
tout seuls (parfois deux à motocyclette),
et c'est le moment où je vais boire peut-être un verre de trop
pour penser à tout autre chose dans le cri blanc de la lune
qu'à ce retour par le silence et la sauvagerie.

A sept heures les femmes sont belles et fatiguées.
Elles sortent à flots des banques, des magasins.
Peu songent à l'amour encore, elles ne sont touchées
que par le soleil qui descend vers le fond du ravin,
mais tout le poids de la douceur qui les habite
passe dans les talons aigus et sèchement crépite
comme une immense machine à écrire sur les pavés.
Moi j'écoute au fond du ravin ce froissement d'étoffes
qui passe et se mélange au vent brassant d'opaques touffes
de fleurs contre l'œil sans paupière et sans larmes du soir,
jusqu'à l'heure où l'amour les prend et puis les abandonne :
la tranchée obscure est pareille alors à leur regard
qui tient longtemps sa profondeur ouverte pour personne.

Et du fil dénoué des jours glissent les camarades.
Parfois ceux que je préférais m'écrivent, me réclament
au café Nekkari pour philosopher le dimanche,
traquer le sens de la Beauté, le nom secret de l'Etre
sous les nuages engloutis dans le marbre des tables,
et lire nos destins dans les volutes du tabac.
Beaucoup d'autres déjà sur les bureaux des Compagnies
reposent leurs poignets ornés de nacre, de platine,
et décident très vite au téléphone : ils les font rire,
eux, les piliers du Nekkari confits dans leur odeur
de pipe et de bouquins au dos craquant où le savoir
vertigineux et pétrifié fume comme le marbre.
Qu'ont-ils appris ? Tout près du Nekkari voici les arbres
et l'ombre du ravin qui plonge sous un pont d'étoiles :
le franchissent en chantonnant des filles trois par trois
vers la gare ou le port, facultés de la solitude
où j'écoute plaider la mer et raisonner les trains.
Donc je m'éloigne et l'on m'oublie. A la fin plus personne
Parmi ces nuages du doute et du rêve ne me verra.
Mais j'irai toujours au faubourg entre les autoroutes
où Akso qui nous a quittés bien avant les diplômes
règne distraitement sur un désordre de ferraille
sur quelques fainéants en combinaisons et savates
qui ont aussi leur poésie, à gicleurs et cardans,
et disputent à l'infini, penchés sur un moteur
avec le sourire de ceux qui résoudront l'énigme.

MAURICE REGNAUT

LETTRE II

— Ton café !

— Je ne peux pas.

— Une biscotte ?

— Pour toi. Prends du beurre.

— J'économise, il faut, cette année ce sera nos dernières vacances.

— Dernières...

— Avant ton retour. Trente mois, c'est quand même long.

— Trente mois. Comment veux-tu que je revienne ?

— Je t'enverrai des colis.

— Avec un enfant, avant, on ne partait pas.

— Mais ils ne te mettront pas en première ligne, avec un enfant.

— Première ligne ou non, il se passe tellement de choses, là-bas. Je ne crois pas que je reviendrai.

— Quand j'attendais la petite, tu te souviens, moi aussi j'avais peur de mourir, je le répétais tout le temps, et tu vois...

— Je ne reviendrai pas.

— J'avais peur et je ne suis pas morte.

Il y a sept ans, cette peur, sept au printemps, c'est elle, à ne plus rien, rappelle-toi, moi qui fuis, rappelle-toi quelle, eux, moi, pourquoi c'est elle, elle que je fuis, rappelle, il y a sept ans, c'est elle, et ce printemps, ce bientôt-ci, c'est l'autre, ici, l'autre que moi, oui, moi qui fuis, l'autre aussi, l'autre...

Entre les lits des électrochocs, l'amnésique, à pas lents, va et vient,

un coup sourd tout à coup dans le radiateur, un coup de loin, un autre,

un autre encore, on appelle, un furieux quelque part fait une crise, et l'infirmier

disparaît en courant, les coups continuent, l'amnésique arrive au couloir,

la manche droite de son gilet bleu enfilée, l'autre pendante au bas du dos,

oubliée, il s'arrête et murmure avec un apparent sourire :

Ils courent tous... les bombes... le feu... tout partout... par le soupirail... bombes...

— Ce cri, mais n'entendez-vous pas ce cri au fond du siècle...

      — L'ambiance n'était guère
A l'optimisme autour
De la corbeille et tout
Faisait craindre la baisse :
Il n'en a rien été.
Les écarts de cours, certes,
Sont restés dans l'ensemble
Peu importants et la
Plupart des transactions
N'ont porté que sur une
Vingtaine de valeurs,
Mais les opérateurs
Sont tout prêts à « changer
De cheval », si les choses
S'y prêtent : le voilà,
Le marché sélectif.
D'aucuns même suggèrent
Qu'une ferme reprise
Pourrait s'amorcer : c'est
Peut-être aller trop vite...

Autour du billard, les vieillards assis, la boule claque,
un chauve à moitié endormi
　　　sanglote seul, la boule à nouveau, le jeune au teint
gris entre et va droit,
　　　prend la main du gros, près de la fenêtre, et lui tord
les doigts, le joufflu gémit,
　　　l'autre tord de plus en plus fort, les yeux au ciel, la
bouche ouverte, il rayonne,
　　　l'infirmier l'arrache et le traîne dehors, la boule
claque, un vieillard,
　　　les mains sur sa canne, incline la tête vers son voisin :
Ce que c'est long,
　　　les après-midi... — Le matin, ça va encore, mais les
après-midi...

— Ce cri, mais n'entendez-vous pas ce cri...

— Si le redressement demeure
Irrégulier (ne voit-on pas,
Dans un même compartiment,
La moitié des valeurs monter,
L'autre baisser ?), le fait marquant
Est l'augmentation du volume
Des transactions. Observateurs
Comme opérateurs sont d'accord :
Voilà qui montre que la Bourse
Revient à la santé. On peut
Désormais acheter et vendre
Ce qu'on veut, ce qui est le propre
D'un marché digne de ce nom :
Rien n'est jamais acquis, en Bourse,
Pour le meilleur et pour le pire...

Un quatrième, un cinquième, un sixième, et tous en gris, le crâne à ras, les yeux noirs, nus,

comme sans regard, l'infirmier entre, un septième dans les bras, quel âge a-t-il,

trente ans, cinquante, il est maigre, il a d'immenses dents, les autres viennent tourner autour,

puis deux d'entre eux s'immobilisent, face à face, au milieu, l'un des deux

pointe un doigt : Corbeau ! crie-t-il, tous deux éclatent d'un rire de gorge,

et tandis que les infirmiers préparent la toise et la bascule,

eux deux sont là : Corbeau ! qui rient et crient : Corbeau !... Corbeau !... Corbeau !..

— Ce cri...

                      — Et pourtant elles montent !
C'est le cri du cœur des boursiers pantois
Qui ont vu les cours progresser encore
Sans qu'ils y soient pour rien, on pourrait dire
A leur corps défendant, d'où, c'est de règle,
La perplexité des opérateurs :
Comme ils n'ont pas été à l'origine
Du mouvement de hausse, ils s'interrogent.
Mais cette impulsion donnée au marché
Présente à coup sûr l'immense avantage
D'avoir enfin débloqué le système
Et les esprits. Quelque chose a changé :
Un optimisme...

(— Pas-un-mot-de-ta-gueule !.. Moi, j'ai-eu-un-ma-ri-propre, hon-nête, mais-toi !...

elle, à cheveux blancs, debout près de la porte, elle, avec cette voix brutale et calme, avec cette diction, syllabe à syllabe :

— Un-mal-propre, un-bourbier, un-col-lec-teur-d'é-gout, le-bou-cher !...

elle, un journal en mains, jupe marron, corsage beige, elle si maigre et les traits si durs, tournant la tête et regardant droit dans la vitre :

— Pas-un-mot-de-ta-gueule !... Moi, j'ai-eu-un-ma-ri-propre, hon-nête...

elle qu'étron, nourrisson, poisson, serpent, oiseau, couteau, cristal, je n'aurai ici cessé d'être, en si mal d'outre-monde :

— Pas-un-mot-de-ta-gueule !... Les-a-bat-toirs, tu-n'en-sor-ti-ras-ja-mais !...

elle, dans dix ans d'ici, ce sera elle, à nouveau la rame aura démarré, elle qui lèvera son visage dur, regardera droit dans la vitre et de sa voix brutale :)

— Ce cri, mais n'entendez-vous pas ce cri au fond du siècle :
Le Temps est mort ?

Sa beauté, sa puissance, il venait de partout, lumière
Et pas une ombre,

Il allait tout tenir, tout accomplir, toute la Terre
Etait pour lui

Une eau pure en immense attente, un miroir vierge, ô siècle,
Il s'est penché,

Et tombe, éclair de sang, tonne, excrément, nuit, tonne et
[tombe,
Il voit, il hurle,

Ce monstre inerte au milieu du cloaque, oui, ce cadavre,
C'est lui, le Temps,

Lui droit alors, lui fou, dans la tourmente âcre et gluante,
Lui qui s'enfonce

Avec ce cri, mais n'entendez-vous pas, ô siècle, ô crime :
Le Temps est mort,

Le Temps est mort...

Qui s'effondre, il le faut, peur de vivre, et ne s'effondre pas, couleur libre, il le faut, ce siècle est le dernier, le temps qui n'est que temps, la raison que pouvoir, pupille de singe, œil insensé, d'être réponse à toute folie, il le faut, ici, rappelle-toi, eux, moi, ce printemps, rappelle, il y a sept ans, rappelle-toi l'autre...

Si le temps se taisait, me disais-je alors, si le délire
enfin cessait de cet espace,
        si d'oublier, si de comprendre, origine, accueil, naissait
la parole,
        acte d'amour en tout pour tous, si délirer pouvait
cesser, ce temps se taire,
        me disais-je, et soudain,
        mesure d'ombre
        ouverte au bleu pur,
        où quelqu'un, à l'angle là-haut, sur l'immeuble
courbe au sommet, vient de disparaître,
        et soudain, espace
        du silence
        et de l'assentiment,
        oui,
        ce cloître,
        c'est toi,
        ce carré frais,
        ce puits,
        au centre,
        à quelques pas,
        à rien,
        cette
        margelle
        où se pencher,
        où voir peut-être,
        espace,
        où voir
        battre
        ton
        cœur,
        et j'ai vu, point blanc éclatant, j'ai vu au fond de
l'eau ce minuscule et seul nuage immobile au zénith, dans
le ciel de Florence, avant midi, le 23 mai 1956.

JACQUELINE RISSET

TROIS FRAGMENTS
ARRACHÉS
À LA PHILOSOPHIE

1 LETTRE BRULÉE

CECI, LE FAIT EN VÉRITÉ QU'IL NE FAUT PAS/
CRAINDRE LE POIDS DE LA TERRE PAR RAPPORT/
A SON ÉTAT DE SUSPENDUE/

VIDE — ET A LA FOIS/
LIEU QUI PERMET LE PASSAGE/
NATURE SUBTILE/

DANS LES LIVRES/
SI CEUX QUI LES PREMIERS/
CONNURENT CES RAISONNEMENTS/

PAR LE MOYEN DE LA VUE A LA NUIT, OU BIEN/
QUELQUE SENSATION CONSERVÉE/
DANS L'AME/

SURGISSANT, ET S'AVANÇANT VERS UNE/
MESURE DU SURGISSEMENT/
ET DE LA DISPARITION/

ENVOYÉ PAR LE MOYEN DE LA VIE/
JUSQU'A LA MUETTE/
ROUE/

ET SAVOIR LES DIFFÉRENCES
PAR LE MOYEN DE L'INFINI DANS LES RAPPORTS/

DE LA MÊME FAÇON L'AFFIRMATION
IMPARFAITE

— DE TELLE FAÇON QUE, DIS-JE/
IL ARRIVE PARFOIS QU'ON PARCOURE/
TRÈS VITE/

DE TRÈS VASTES DISTANCES

il le fatigua de telle sorte
que le feu lui prit au cerveau

Croyant marcher par les rues,
il était obligé de se renverser sur le
côté gauche pour pouvoir avancer au lieu
où il voulait aller,parce qu'il sentait
une grande faiblesse du côté droit, dont il
ne pouvait se soutenir

il sentit un vent impétueux
qui l'emportant
dans une espèce de tourbillon,
lui fit faire trois ou quatre tours sur le
pied gauche

au milieu de la cour du collège une
il s'imagina que c'était un melon
qu'on avait apporté de quelque pays
étranger

beaucoup d'étincelles de feu
répandues dans la chambre
cherchant deux poèmes dans le livre
qui apparaissait et disparaissait sur la table
«Est et Non»
«Quelle voie suivrai-je ?»

La foudre dont il entendit l'effet
était le signal de l'Esprit de Vérité
qui descendait sur lui pour le posséder

COLLÈGE 1938

NOYAU DE RÉPULSION NOYAU D'ATTRACTION

La société humaine entourant l'astre
d'une sorte de résille filet de balle
d'enfant — planète — support

contagion du mouvement

la totalité des cadavres
rythme

il y a composition sans tête
cellule
dans composition à tête

cœur de l'animation noyau :
le silence oppressé

reconnaître
ce qui le voue
à ce qui est l'objet
de son horreur la plus forte

DENIS ROCHE

LA POÉSIE
EST INADMISSIBLE

un langage dont la sollic ——— solennité congédie
Et ne plus pouvoir même en recevoir quelque ambi-
Guïté, un train d'idées mourant, intermédiaire
De toutes les autres. J'offrais à cette jeune
Femme un comble seulement et il n'y avait aucune
Différence entre nous. Alors voici :
« L'absurdité se détruisait. Bacon de Verulam
dit que *toutes les facultés transformées en*
art deviennent stériles. Léopardi prétend com-
Menter cette remarque *extrêmement juste en l'*
Appliquant plus particulièrement à la poésie.
——— cher d'un pas d'elle, chair mal appuyée
sur un miroir mi-arrondi, un curieux calme
matinal plane sur notre malaise : honte, ni
souffrance, ni répit ou si l'on veut tous
les tuyaux vert clair foutus sur l'herbe
nous réfléchiraient dans la rue comme deux
choses raisonnables

Pas de limitéta —— pas de limite au plaisir
Du mélange. Il l'enjambe. Ou sa jambe à elle
Est passée sur le grand dos. Du défaut, du
Grand dé il se retirera tout à l'heure à pl
ein ventre —— seulement quand je l'aurai dé-
cidé/Je Le fais la conspue et le fais mouvoir
contre elle et le saurait-elle qu'ici même
Du coup, sur le champ, sauvagement d'un coup
Index j'interromprai les mots   Il n'y
aurait plus que la voix mal parfumée-Thésée
De Jodelle inscrivant ses vers :
Celuy qui sçait l'architecture vraye
De cest amour, que ma loy veut que j'aye,
     Du défaut se retire :
Et quand il voit des choses les mieux nées
Par tant de temps de graces ruinées,
     Sans aimer il admire

Par tant de temps marchant dans des Grèces rui-
nées, sans aimer j'admirerai d'en sortir une
lumière où je marche sur la ligne qui suit
Celuy qui sçait quel toast il découvre ni quand
Dans quelle demeure si ce ne sera pas pour nous
Une aise, une heure d'aise, l'abondance qui
Nous a si bien défigurés, tous les deux :
Au-dessus de quelques autres excellences, nous
Elevons pour les cultiver toutes les trouvailles
De peu d'importance la/tranquillité de l'ordre
(et si c'était la guerre) n'est que saloperie.
Ça fait 23 signes et, même alignés, on ne peut en
Ceinturer ton sein qui est infranchissable et
Que tu caches toujours quand je suis sur le
Point d'en associer la vue au plaisir de
Savoir ce qu'il en incombe à ton regard.

Bransle dispos sa charge souslevant,
D'un mouvement à la vague semblable,
Qui bat les flancs (sous un vent agréable)
De quelque Nef, en la Mer de Levant ;

Et doucement s'abaissant, s'eslevant,
Tourmente l'ancre en son port favorable,
Port désiré de grâce pitoiable,
Joint à l'abri de l'ennemi, du vent. (Jodelle)

« puis l'œil égrillard, qu'il faut donc
Que son poussoir soit haut pour que si
Puissamment il s'agite en son aine. Qu'il
Meure et parcoure la flamme plus mal qu'hu-
mainement ! » Belle denrée de la phrase,
Belle aura l'écu sanglant plaqué sur la
Belle affriolante — Nous voulons dire une
Harmonie une paix langueur voudriez-vous vous
Dévider s'il vous plaît de l'infini indiscutable
Et ce faisant voudriez-vous n'être plus jamais
Qu'ordure et discipline, printemps vacher garantie
D'la poésie = tout le monde est philosophe
Autour des tables d'italiens je vous réserve
Ma haine en grande forme d'ellipse coliséenne.
Regardez, comme dit Stendhal, l'estampe de Lesueur
Ou la gravure de l'Encyclopédie. Mais l'Hercule
Atrabilaire n'est pas plus variable que l'Euripe
Et je noie la poésie comme un judicieux pain au
Miel dans un nuage de considérations et d'effectifs

Ni debout ni assis je ne puis être autrement
Que jaloux — mais mes vers furent longs mon
Doigt quand ton arc est si fort te casserait
Vraisemblablement le pubis « bien qu'aussitôt
chu » tantôt il se propose l'une comme une al-
comme une extension d'altercation, tantôt sa
besogne le fait incliner tout contre les inci-
sions en forme de cuisse qu'il a faites dans le
bois. C'est une commande et la seule parmi les
Langues vivantes, celle qu'il brosse contre les
Degrés qui mènent à la vierge des marins puis au
Blockhaus (casemate ici on dit) et au labyrin-
the au nez à l'ardoise, oviducte recherche en
Tout l'essence infiniment belle qui une fois
Vraiment déployée empêchera que mes libertés
n'aient le produit suivant : je suis derrière
Un mur et depuis l'autre côté on me couvre de
Pierres (lapidation rituelle, cherchez la cy-
priote ou la berbère, feu Lalie) mais c'est

Elle qui meurt atteinte de plus de deux jets.
———— yant jeté des coups d'œil sur sa nu-
Que étincelante j'osai m'emprare (rectifi-
cation : j'osai m'emparer) d'une cloche en
forme de missel ensu. « Rien les pensers, les
Soupirs et les larmes, rien mes discours qu'
On voudrait semer en ces lieux (en ces lieux
————————— ouleur, blâme, échange même de
Texte ou les capitales (CAPITALES, hein) tou-
Jours à yeux de goujon, me suis-je assez fichu
D'elles toutes, Heureuses ou Lunes ou Endymion
Une leçon par jour sur le paratonnerre
Aurait aussi bien fait l'affaire

PAUL LOUIS ROSSI

LES ÉTATS PROVISOIRES

(fragment)

Les mots ont tort et les vivants
toujours les ranger
sur des planches avec les livres dans
des maisons...

Et les morts   en parler   le soir
    en riant   du malheur
Les   accabler   puisqu'   ils
    sont morts...

Ils avaient   à faire   comme tout   le
    monde   à vivre   que
Sans   laisser   de
    traces...

Interdits   avec des mouches   sur les lèvres
    des livrées   quel   manque
De confiance   quand   ils
    sont là...

Nul besoin   ils ont tort ainsi   les morts
   de croire   que la terre   est
La terre   que le sable   les recouvre
   impalpables...

De mâcher   des os de seiches   et   des
   poussières   avoir   des morceaux
Du bois   sous les paupières   des
   coquilles...

Des calcaires   les ongles   qui   poussent
   encore   et d'en parler   tout
Ce qui pétrifie   les insulte   au
   passage...

Et les vivants   bien raison   se   goberger
   dans leur dos   pendant   qu'
Ils sont allongés   dans le noir   se
   moquer...

Laissant traîner   le linge sale   et laver
    leur vaisselle   pour   changer
Sa couleur   dessin   usé   des
    faïences...

Bruit du vent   dans les peupliers   les saules
    au bord des   fossés les morts
Ils n'avaient   que de l'écouter   avant de s'
    en aller...

Partir   sans crier gare   sans prendre
    le temps   donner   des devoirs
Aux enfants   nous   laissant seuls
    à table...

Sans les revoir   nous apercevant   soudain
     appeler   dans l'air   qui remue
Les branches   sans faire signe   au moment
     de sortir...

Les vivants   de les critiquer   puisqu'
    ils sont embaumés   avec   les
Dorures   et les habits   de
    soirée...

Puisqu'ils   se sont enfoncés   dans l'im
    mortalité   il faut   les frapper
Quand   les autres   ont tourné   la
    face...

Médire de leur compte   avec le frère   et de
    leurs amis   parce qu'ils   sont
Endettés   prétendre   que les bruits
    se perdent...

Au loin   ils nous font signe   où sont-ils
    on les voit   parfois   sur
Les collines   dans le soir   quand
    la lumière...

Décline   sur les plages   qui agitent
    des mouchoirs   un chiffon   quelle
Tristesse   leur crier   des noms
    dans la nuit...

On les rencontre   aussi   dans les   chemins
    quand nous   donnons   le   bras
Qui passent   presque sans   nous voir
    occupés...

De leur propre   histoire   faut-il les   laisser
    parler   ne pas   les
Questionner   demander   la
    réponse...

Puisqu'ils sont morts   ne jamais   toujours
  les nommer   afin   qu'
Ils s'éloignent   ne pas les   séparant
  des herbes...

Lorsqu'ils reviennent   les mots   ne savent
   plus   d'où   ni
Comment   ils sont là   et malgré tout
   persistent...

En leur maintien   ne veulent   pas
   du rire   indignés   se trouvent
Là   c'est tout   moins   que
   rien...

septembre 1979

JACQUES ROUBAUD

PHOTOGRAPHIE ;
and the past performance of the sun.
6 + 4 1/2 poèmes pour A1. C1. B1.

off the black, grands horizontaux

en grands formats horizontaux gris demiteinteux
    sans qu'on (les hist. d'art) sache
       qu'il n'est ni vrai ni faux ni
accounted for by the mad counting of slats slits steps
    stairs rails naturally
          regardant HYDE PARK coloré,

            moi aussi n'ai-je pas dit pcq, etc...
              past performance of the sun must not
                  [be a reason but *his* reason
              il romanzo comincia in una stazione fer-
                     [roviaria
              quelle raison ai-je d'admettre en ce
              moment ou je ne vois pas mes orteils
        the last lights off the black west
             morning

à cette première erreur, a lovely mile

où j'ajoutais à cette première erreur une autre
celle qu'on ne peut souhaiter
pensant soudain table par excellence
à l'implication photographique de
[cette assertion
la pensée de placer la première dans la dernière chambre
do not disturb en italiques jusqu'aux
[variations
et NONSEULEMENT je ne saurai même pas que
[c'est de la poésie

which is the seeing itself or the remem-
[bering itself
una sera piovosa tutti questi segni convergono
purple leaves and seas of liquid eyes all day
ceci que rien ne peut convaincre du contraire
lights a lovely mile

to the last stop, the most of languages

let me have it in the most obscene of languages
english doubly obscene because it
is totally bland
the loft as the urban translation of Frank L. Wright's
[suburban house
conversations with man's likeableness are a rangey world
enough generalities for a grey saturday
let me have it in the most doubly
[because it is language

dove chi arrive è subito notato

même si mon rêve a en réalité un lien avec la pluie
[qui tombe
only confusion of the plausible proposition
with the reversal of the outward
[sentence

any line of public transport all the way
to the last stop for sheer pleasure

verres, draps, ce jeu fait ses preuves

cendres, images, verres, draps, doigt   œil
enclave entre deux langues
listes
it was a grave grained sky the strands rising
[a little from left to right
that every event has a cause with the
[different and quite implausible
snapshots glasses tubes and sheets touch and see

gaping behind and between
waste
l'odore speciale delle stazioni dopo che e partito l'ultimo
[treno
the one empty room marked do not disturb

ce jeu fait ses preuves

je ne crois pas, we need not

we need not find embarrassment in
[the awkward fact that
unfortunately no
sentence is longer than the length it is
en leur envers produisant ce boustrophédon bilin-
[gue
où traduire revenait d'avance et je n'avais pas ajouté
della succezione delle frasi del secondo
[capoverso

si cela se produisait toujours ou presque le caractère en était
[changé
dead mealy grey against the
light
puisque délié d'un seul coup du destinataire
que je pouvais décrire avec un peu de
[précision
dans le vide et que je ne crois pas inventer

répondra un peu offhand, oh
the usual you know but things
[could be worse
un peu terne à côté des Passions Nobles
[de sir James, sq.
lit des ouvrages sur les sels d'argent dans la
[gélatine
pour fatiguer les images
de ce mur de fondation dont on pourrait
[presque dire qu'il doute

agingclouds : it was fine eyebrows or lumps of
idle leaves which one finds in shelved
corners of a wood
una nuvola di vapore
i simply have to lay myself open to the world to let the
[phenomena put their print upon me
il se tait
et se demande quels sont

ce qu'elle appelle douleur mentale, encore qu'elle

avant de prendre n'importe quoi pour ce
[qu'elle appelle la douleur mentale
and any conceivable total determinism as i gloomily
[doubt
aussi interchangeables que les phrases qu'elles prononcent
come i vetri d'un vecchio treno e
[sulle frasi la nuvola
à vingt ans et demi ce qui est tellement plus jeune que vingt
[ans
ajoutant ici quelque chose de spécial à
[ce qui est premièrement établi

prévisiblement, il n'y a qu'une manière d'ap-
[prendre
the blue was charged with single instress
like the hollow below the eye

avalés au rouge en quantité aussi que possible
encore qu'elle meure d'envie d'être
[prise en photo

dans une pièce très noire, seeing itself

lampe dans une pièce très noire où les
[images flottent dans un bac
en italiques jusqu'aux variations
with the reversal of the outward sentence
of any conceivable determinism gloomily
aging clouds : eyebrows of trembling leaves
[which one finds in the corners of the wood
où traduire revenant d'avance ce que tu n'aurais pas ajouté

images verres draps doigt   œil
the usual you know it could be worse
in una nuvola di vapore
conversation with intrinsic likeableness
which is the seeing itself or remembering

moi aussi, or remembering you

                    moi aussi n'ai-je pas dit
             regardant HYDE PARK coloré
les escaliers les rails naturellement
                 comptant tout
       les dernières lumières derrière le noir ouest quelle
                                                    [raison
   du monde les grands formats horizontaux

                    avant d'admettre en ce moment
       la pensée de placer la première dans la dernière
                                                   [chambre
             non seulement la poésie
                 qui est cette pensée invariante d'elle-même
                 ou
      which is the seeing itself or remembering you

mais en réalité je n'écrivais pas

mais en réalité la pluie tombe sur la proposition plausible
généralité suffisante par ce gris samedi
le renversement de la sentence extérieure

listes
gaping behind and between
waste

the one empty room marked do not disturb
et je vous montre autant que je le dis
l'exiguïté des chances d'en sortir
en leur envers
dont je vous avais dit que je n'écrirais pas

---

the clearness

on being at the same time in the
[same
place
ne pas se tromper dans
sa langue naturelle
these were more luminous and did not dim
the clearness

CLAUDE ROYET-JOURNOUD

« LE DRAP MATERNEL »
OU
LA RESTITUTION

I

les premières lignes du jour

il cherche sa langue

devant le « feu »
presque rien
c'est leur langue

un ébranlement
la masse s'enfonce dans le paysage
        retient à peine
ils ne prêtent que leur ombre

derrière eux
quand la voix porte plus loin
langue coupée

il suivait le jour avec obstination

une tête
de la force qui pend

le lieu de la faim
celui qui ne parle pas

ce sont les gestes
le lieu de la faim

ce qui arrête
                    dans la pièce
une période de froid

la bête est dépecée sur-le-champ

de l'autre côté
«l'homme poursuit noir sur blanc»

le point blanc qui le désigne
au commerce quotidien

les objets passent de main en main
il y faudrait du silence
tenir compte de l'usure

il part de très peu

«quelque chose comme de l'orage et du sommeil»

enfermer le bruit
d'une autre langue
ajouter à ce qui tombe

«quelque chose comme aiguiser un couteau»

en dehors de lui
aucune légèreté

II

l'image
    entretient   la perte

«elle était là»
mangée par sa question

les bruits ne se répartissent pas
ils appartiennent

il en faut si peu
pour rejoindre la couleur

les chiffres s'inversent

dans la langue qui revient
il voit naître son dos

une phrase d'air

animaux
immobiles dans le lieu

qui s'emploie à battre l'histoire

la peur
rien d'autre

s'échauffant dans le bruit de la répétition
un corps s'appesantit

travail d'une main comptable
travail vertical et blanc

BERNARD VARGAFTIG

POÈMES

La lumière ô l'amas de moi
Et les taches qui me traversent
                              et ton nom l'espace
                                          la suite

Et l'instant
Derrière l'orage
Comme l'air et l'écho ensemble

Plein d'épingles
                    était la nuit
Et les chiens qui se répondent
                    le hasard ma propre main
                                        quand elle
Sautait
D'un roc à l'autre

Rien que le toucher l'entaille ce geste
Elan ah le feu affamé de vent
L'immense de toi comme tu m'approches
Cassure nuée où tout est langage
Où l'espace ensemble et la forêt courent
L'écho déchirant au-delà des roches
Lumière et l'orée béante de face

Les vagues jusqu'en haut des marches
La brassée d'air et

le talon

le crissement

La même haie
Et l'absence qui galopait
Comme l'été main dans la main

Ecrasé comme le feuillage
Comme l'envers dans les paroles
                        le plein de traces les corbeaux
Leur rire
Caché sous ma langue
                        et celui qui me poursuivait

La chute folle ô la lumière

Désordre éraillé
Me mâche la pluie

Ah je ne sais même
Où j'aurai brûlé

Semelle déjà
Et la déchirure

Les guêpes humides
Mon nom plein de mots

O la forêt comme béante
Comme l'aveu
Me voici nombre derrière moi
                              et l'oiseau
                                        mes yeux m'aveuglent
L'herbe
Et sa gorge qui s'envole

ALAIN VEINSTEIN

ÉBAUCHE DU FÉMININ

La haine me tient... m'arrache... Pas un mot... « Que je n'entende plus... ne vous voie plus... » J'avais écrit : *jamais*...

Que j'écrivais...   Avait élu domicile,
trouvé profit dans ma peur, ma faim... Elle...

Profitait de mes phrases, mon inattention, mon amour...
M'arrachait, oui, des caresses, des mots tendres, m'entretenait,
m'arrachait, m'entretenait dans l'illusion d'être entendu... et
c'était mon amour, j'écrivais, l'écrivais, mon amour, nourrissais, ne disposais pas d'une phrase...

Nourrissais... des pans, des lambeaux sans nom, pas une phrase, seul, maintenant qu'elle a tout recouvert, sans amour, tout mangé, elle, partout, tout dévoré, recouvert, sans amour...

Sans amour réduit l'espace à son corps...

Tout mangé, tout recouvert...   Partout...

...Il faudrait, pour la haine, recopier, refaire, mais pas trop envie de m'enfouir (je sais où, chasse toutes ces scènes), c'est écrit, n'en rien savoir, puisque me voici, toujours, enfoui dans ces scènes (rien oublié), beau faire, écrire (les mêmes mots) : ces phrases ne veulent rien savoir...

Comme *lumière* et *feu* (après *ange, perroquet, reine...*)..

De ces mots, je me souviens, malgré tant d'efforts, comme d'un rictus sur le visage d'un mort...

Un rictus suspendrait la crise de larmes... Suspendrait...

Mais aujourd'hui, *fenêtre*... Un mot nouveau troue ma phrase, suspend le cours... Un mot? Gorge nouée, je suis incapable d'arrêter la scène... Je ne peux pas... Un mot comme un trou de mémoire... Comme...

Comme un dernier geste, je voudrais faire le récit de la scène, l'écrire... Ecrire ces phrases frappées d'ignorance serait *amour,* et je ne peux pas, je ne peux pas...

Lumière et *feu,* non...

Quand elle arrive, au lieu des bras (j'avais écrit : *quatre bras*), il y a la présence de ce *mort*... Et quand elle apprend les mots, elle se retire dans un recoin de la violence...

Pour toute solitude, l'écho des cris, de la haine...

C'est sa chambre...

Plus tard, pareillement, notre amour se perdra dans les deux ou trois mots de la terreur...

Terre et *mort,* oui... Terre et mort...

Plus tard, elle aussi (j'ai construit cette scène de mes mains), elle aussi disposera ses jouets dans l'effroi...

Il y a décidément plusieurs mots pour dire ce qui défie les mots... Plusieurs mots, et pas une phrase...

Sans ces mots, tu aurais eu une chambre... Je n'aurais pas mangé, recouvert... *Jamais là...* Tout mangé, recouvert... Les mains vides, toujours, atterré... Ne rapportant rien, jamais, que *terre* et *mort...*

Tant d'années après, les cris, dans mes bras, de l'enfant... Ce n'était pas dans la phrase, c'était *dans mes bras...* Et c'était l'enfant...

Je reste stupéfait, incapable longtemps de la moindre parole (pas un mot, pas un geste...), jusqu'à ce que le « pas un mot de tout cela » devienne ma violence, ma phrase...

Tant d'années après, toute ma phrase... « Pas un mot... »,
« Je ne peux rien dire... »

Rien rapporté jamais... Jouets dans *terre* et *mort*... Lambeaux,
miettes, bouts de *terre* et *mort*... Ce que je jetais de *terre* et
mort... Tout ce que j'ai pu jeter...

Elle inventait des scènes, des histoires... Je surprenais des
répliques... Toute une histoire, son histoire, s'écrivait avec
mes détritus...

Elle parle... Elle n'est pas seule... Elle n'est pas morte...
Je peux continuer à jeter, à écrire...

Le mot *amour* dans ce que j'ai jeté...

Puis d'autres mots... Dans mes bras, cette fois, dans mes
bras... Bien d'autres mots... qui nous jettent à terre, au niveau
de la bête...

Le mot *amour,* sans rien perdre de la peur...

Ces mots, phrases, d'une histoire où nous *manquons*...

comme cette nuit... mots, phrases, qui nous reviennent dans la nuit, mais trop tard déjà : nous manquons, personne, nulle réplique, et pour toute histoire, ces passages difficiles qui se riront bientôt de nos corps...

Elle avait peur... Son corps était sa phrase... Son corps... Peur de ne pas mourir... Peur que l'un de nous ne meure pas : « jamais ! jamais... »

Jamais devenait notre espace, notre chambre, nous nous embrassions, nous nourrissions, inventions une attente dans *jamais...*

Chaque nuit, une répétition de la mort...

Dans *jamais* criait sa phrase, qui était *haine* (haine : quand le mot n'est pas prononcé... Haine : le mot de l'attente, quand il n'y a aucun signe à guetter)...

Amour serait : *hors de terre...* (Elle m'enserrait dans *jamais...*)

Haine, faute de *mort...* Haine, la répétition d'une mort qui se refuse, qui à la fin du drame ne se donne pas...

Haine, toute haine dehors, car nous sommes, dans cette chambre, privés du dénouement...

Où es-tu...

Plus de chambre... Le moment est venu...

« Tu m'as mise en terre, plus bas que terre, mais sans mort, et sans le moindre signe à guetter... »

« Tu peux toujours écrire, maintenant que ta tâche est achevée... Le moment est venu : la peur a passé dans les yeux de l'enfant... Ecris la défaillance, la chute sans fond... Ecris, mon amour, le plus bas que terre, le rien à guetter... Répète sans fin le dernier récit... »

NOTES
BIO-BIBLIOGRAPHIQUES

Anne-Marie ALBIACH

Née le 9 août 1937, à Saint-Nazaire. Anne-Marie Albiach a parti-
cipé à l'animation de la revue Siècle à mains et collaboré à de nom-
breuses publications : Fragment, L'Art vivant, Change, Première Livraison, Bulletin Orange Export Ltd, Exit, Argile, Terriers, Action Poétique, La Répétition I, Digraphe, « A »...
Traductions du portugais, de l'espagnol, de l'anglais et de l'amé-
ricain (notamment L. Zukofsky).

A publié :

Livres :

FLAMMIGÈRE, Siècle à mains, Londres, 1967.
ÉTAT, Mercure de France, 1971.
« H II » linéaires, Le Collet de Buffle, 1974.
CÉSURE : le corps (collages originaux de Raquel), Orange Export Ltd
    (collection Chutes), 1975.
OBJET, Orange Export Ltd (collection Figurae), 1976.

« Théâtre » est ici repris d'un numéro d'*Action Poétique* (n° 74,
1978) en grande partie consacré à Anne-Marie Albiach.

★

Gérard ARSEGUEL

Né en 1938, à Toulouse. Professeur depuis 1965 au lycée de Sisteron.
Collabore à de nombreuses revues : Les Cahiers du Sud, Action
Poétique, Manteia, Critique, Contre toute attente...

A publié :

LE TAPIES, Editions Manteia, 1976.
DÉCHARGES (fragment), Editions La Répétition, 1977.
UNE MÉTHODE DE DISCOURS SUR LA LUMIÈRE, Editions Gramma, 1979.
DÉCHARGES, Christian Bourgois Editeur, Collection Gramma, 1979.
LES BLEUS DU PROCÉDÉ, Editions F. P. Lobies, 1981.
MESSES BASSES POUR MOUSBA, Editions Passage, Bordeaux, 1982.

« Voilà les nuages » : poèmes extraits d'un recueil publié en tirage restreint (Editions Passage).

Danielle COLLOBERT

Née en 1940, à Rostrenen (Côtes-du-Nord). Travaux de journalisme. Se donne la mort en 1978.

A publié :

MEURTRE, Gallimard, 1964.
DIRE I-II, Seghers-Laffont, 1972.
IL DONC, Seghers-Laffont, 1976.
SURVIE, Orange Export Ltd, 1978.

Le texte que nous publions, « Survie », est le texte complet de son dernier livre.

★

Michel COUTURIER

Né le 7 octobre 1932, à Orléans. Longs séjours en Angleterre. A participé à l'animation de Siècle à mains. *Michel Couturier est le traducteur de* Fragment, *de John Ashbery, Seuil, 1975.*

A publié :

DE DISTANCE EN CHATEAU, Siècle à mains, 1964.
L'ABLATIF ABSOLU, Maeght, 1975.
CONSTANTE PARITÉ, Le Collet de Buffle, 1977.

Les poèmes que nous publions étaient inédits.

Jean DAIVE

Né en 1941. Jean Daive a animé la revue Fragment.

A publié :

DÉCIMALE BLANCHE, Mercure de France, 1967.
FUT BATI, Gallimard, 1973.
L'ABSOLU REPTILIEN, Orange Export Ltd, 1975.
1, 2, DE LA SÉRIE NON APERÇUE, Textes-Flammarion, 1975.
LE JEU DES SÉRIES SCÉNIQUES, Textes-Flammarion, 1975.
Y », Maeght, 1975.
N, M, U, Orange Export Ltd, 1977.
IMAGINARY WHO POUR B.N. ET 12 POSTES DE RADIO, Givre, 1977.
LE CRI-CERVEAU, Gallimard, 1977.
TAPIES, RÉPLIQUER, Maeght, 1981.
NARRATION D'ÉQUILIBRE, Hachette, POL, 1982.

« SLLT » a été publié dans la série *La Répétition,* en 1978, et repris dans *Narration d'équilibre,* Hachette, POL, 1982.

★

Robert DAVREU

Né le 9 août 1944, à Castres (Tarn). Enseignant en philosophie. Membre du Comité de rédaction de Po&sie. *A publié des poèmes et textes dans :* Action Poétique, Inhui, Encrages, Po&sie, Etudes philosophiques, Encyclopedia Universalis...

A publié :

ALLIAGE DES CENDRES, Gallimard, 1973.
MARELLES DU SCORPION, Seghers, 1979.

Traductions :

Hannah Arendt : LE SYSTÈME TOTALITAIRE, Seuil, 1972.

Christopher Alexander : UNE EXPÉRIENCE D'URBANISME DÉMOCRATIQUE, Seuil, 1975.

Marylinne Robinson : LA MAISON DE NOÉ, Albin Michel, 1983.

« Gerces pour un mur d'Antioche » était un texte inédit.

★

Michel DEGUY

Né en 1930, à Paris. Professeur à l'université de Paris VIII depuis 1968, en littérature française. A fondé et dirige la revue Po&sie, éditée par Belin, qui en est à sa sixième année.

A publié :

A la NRF :

FRAGMENT DU CADASTRE, 1960.

POÈMES DE LA PRESQU'ILE, 1961.

BIEFS, 1964.

OUÏ DIRE, 1965.

ACTES, 1966.

FIGURATIONS, 1969.

TOMBEAU DE DU BELLAY, 1973.

POÈMES 1960-1970, 1973.

DONNANT DONNANT, 1981.

LA MACHINE MATRIMONIALE OU MARIVAUX, 1982.

Avec Jacques Roubaud :

VINGT POÈTES AMÉRICAINS, 1980.

Chez d'autres éditeurs :

LES MEURTRIÈRES, P. J. Oswald, 1959.

LE MONDE DE THOMAS MANN, Plon, 1962.

HISTOIRE DES RECHUTES, Promesse, 1968.

COUPES, Origine, 1974.

INTERDICTIONS DU SÉJOUR, L'Energumène, 1975.

RELIEFS, d'Atelier, 1976.

ABRÉVIATIONS USUELLES, Orange Export Ltd, 1977.

JUMELAGES, *suivi de* MADE IN USA, Seuil, 1978.

« Livre des gisants » a été publié, en extraits, en revue, tel il était inédit.

★

Henri DELUY

Né le 25 avril 1931, à Marseille. Instituteur, journaliste puis, à partir de 1968, bibliothécaire à Ivry-sur-Seine. Henri Deluy a publié des traductions du néerlandais, de l'allemand, du slovaque, du tchèque, de l'italien et du provençal des troubadours. Il anime depuis 1955 la revue Action Poétique.

A publié :

FOR INTÉRIEUR, Action Poétique, 1962.
L'AMOUR PRIVÉ, Action Poétique, 1963.
L'INFRACTION, Seghers, 1974.
MARSEILLE, CAPITALE IVRY, L'Humanité, 1977.
LA PSYCHANALYSE MÈRE ET CHIENNE, 10/18, 1979 (en collaboration avec Elisabeth Roudinesco).
« L » OU « T'AIMER », Orange Export Ltd, 1979.
LES MILLE, Seghers, 1980.
PEINTURE POUR RAQUEL, Orange Export Ltd, 1983.
LA SUBSTITUTION, La Répétition, 1973.

« Première tirade pour G.P. » était un ensemble inédit.

★

Jean-Charles DEPAULE

Né le 10 janvier 1945. Enseigne à l'Ecole d'architecture de Versailles. Il est membre du comité de rédaction d'Action Poétique.

A publié :

L'AMÉRIQUE, Les Temps modernes, n° 236, 1966.
CENT FOIS, La Répétition, 1979.

« Blanc : bord à bord » étaient des poèmes inédits.

★

Marie ÉTIENNE

Née le 15 novembre 1938. Collaboratrice d'Antoine Vitez au théâtre de Chaillot. Membre du comité de rédaction d'Action Poétique.

A publié :

BLANC CLOS, La Répétition, 1977.
LE POINT D'AVEUGLEMENT, avec Gaston Planet, 1978.
LES CAHIERS DU PRÉ NIAU, n° 3, 1979.
LA LONGE, Temps actuels, Petite Sirène, 1981.
LETTRES D'IDUMÉE, PRÉCÉDÉES DE PÉAGE, Seghers, 1982.

« Ce mouvement de l'extérieur » était un ensemble inédit.

Jean-Pierre FAYE

Né le 19 juillet 1925. Chercheur au CNRS. Jean-Pierre Faye a publié des romans, des récits, plusieurs volumes d'essais et des œuvres théâtrales. Il a créé et animé la revue Change.

A publié :

FLEUVE RENVERSÉ, GLM, 1959.
COULEURS PLIÉES, Gallimard, 1965.
VERRES, Seghers-Laffont, Change, 1978.
SYEEDA, Shakespeare and Company, Milan, 1980.
SACRIPANT FURIEUX, Change errant, 1980.
SÉLINONTE (à paraître).
L'ENSEMBLE DES MESURES (avec Edmond Jabès), Change errant, 1980.

« Iles » était un poème inédit.

Dominique GRANDMONT

Né le 25 janvier 1941 à Montauban (Tarn-et-Garonne). Etudes classiques et musicales. Ancien élève des écoles de Saint-Cyr et de

Saint-Maixent. Démissionnaire après la guerre d'Algérie. Séjours prolongés en Tchécoslovaquie et surtout en Grèce. Vit de conférences, traductions, productions radiophoniques et travaux journalistiques.

A publié :

Poésie :

MÉMOIRE DU PRÉSENT, P.J. Oswald, 1975.
PAGES BLANCHES, EFR, Petite Sirène, 1976 ; prix Paul Vaillant-Couturier, 1977.
CONTRECHANT, Orange Export Ltd, 1978.
IMMEUBLES, suivi de ENCORE, Seghers, 1979.
PSEUDONYMES, suivi de PARIS-BOULEVARD, Flammarion, « Digraphe », 1979.
ICI-BAS (à paraître, 1983).

Traductions :

Vladimir Holan : DOULEUR, P.J. Oswald, 1967 ; UNE NUIT AVEC HAMLET, préface d'Aragon, Gallimard, 1968 ; HISTOIRES, Gallimard, 1977.
Jaroslav Seifert : LE CHATEAU DE PRAGUE, *in* « Lettres françaises », février 1969.
TRENTE-SEPT POÈTES GRECS DE L'INDÉPENDANCE A NOS JOURS, P.J. Oswald, 1972.
Yannis Ritsos : LE MUR DANS LE MIROIR, suivi d'ISMÈNE, Gallimard, 1972 ; DIX-HUIT CHANSONS POUR LA PATRIE MALHEUREUSE, Madrid, 1974 ; PAPIERS, EFR, Petite Sirène, 1976 ; LE CHORAL DES PÊCHEURS D'ÉPONGES, Gallimard, 1977 ; LE CHEF-D'ŒUVRE SANS QUEUE NI TÊTE, Gallimard, 1979 ; EROTICA, Gallimard, 1983.

Divers :

LE PRINTEMPS, roman, Denoël, 1965 ; prix des Enfants-Terribles, 1966.
TCHÉCOSLOVAQUIE, essai, Rencontre, Lausanne, 1968.

« Soi-disant » a été publié en revue. « L'autre par terre de quelques écrits » était inédit.

★

Joseph GUGLIELMI

Né en 1929. Instituteur à Ivry-sur-Seine. Nombreuses collaborations à des revues : Action Poétique, Cahiers du Sud, Change, Première Livraison, Digraphe, « A », Erres, Ragile...

A publié :

AUBE, collection Ecrire, Seuil, 1968.
POUR COMMENCER, Action Poétique, 1975.
LEY DE FUGA, Orange Export Ltd, 1975, avec une encre de Thérèse Bonnelalbay.
L'ÉVEIL, EFR, Petite Sirène, 1977.
LE JOUR PAS LE RÊVE, Orange Export Ltd, 1977.
LE MAIS TROP BLANC, Orange Export Ltd, 1977.
DU BLANC LE JOUR SON ESPACE, Editions Terriers, 1979, avec deux eaux-fortes de Robert Groborne.
LA PRÉPARATION DES TITRES, collection Textes, Flammarion, 1980.
ILS RIAIENT EN ENTENDANT LE NOM BARBARE DU NOUVEAU MUSICIEN, bois de Robert Groborne, Æncrage & Co, 1981.

Essais :

LE DÉGAGEMENT MULTIPLE, Le Collet de Buffle, 1977.
LA RESSEMBLANCE IMPOSSIBLE : EDMOND JABES, Editeurs Français Réunis, 1978.
FRANCIS PONGE ET LA LUMIÈRE CRITIQUE suivi de LA PREUVE PAR PONGE, (Colloque de Cerisy 1975), 10/18.

« Mahasukha, la grande joie » était un texte inédit.

Emmanuel HOCQUARD

Né en 1940. Lycéen à Tanger. Dirige, avec le peintre Raquel, les Editions Orange Export Ltd. Anime la section poésie de l'ARC au Musée d'art moderne de la ville Paris.

A publié :

Hachette-Littérature, collection POL :

ALBUM D'IMAGES DE LA VILLA HARRIS, 1978.
LES DERNIÈRES NOUVELLES DE L'EXPÉDITION SONT DATÉES DU 15 FÉVRIER 17... 1979.
UNE JOURNÉE DANS LE DÉTROIT, 1980.
UNE VILLE OU UNE PETITE ILE, 1981.

Orange Export Ltd :

LE PORTEFEUIL, avec des sérigraphies de Raquel, 1973.

LES ESPIONS THRACES DORMAIENT PRÈS DES VAISSEAUX (cylindres et cachets), avec des impressions originales de Raquel, 1976.

UNE, 1977.

TOI CE LIEU TRÈS BLANC AUSSI : LES BRANCHES, 1978.

J, avec des impressions originales de Raquel, 1978.

VOYAGE VERS L'OCCIDENT, avec une aquarelle originale de Raquel, 1978.

DANS L'AIR ENTRE LES BRANCHES DES HÊTRES, traduction du poème latin de Pascal Quignard INTER AERIAS FAGOS, 1979.

UN JOUR, LE DÉTROIT, avec des gouaches originales de Raquel, 1979.

DU PREMIER JANVIER, avec une aquarelle originale de Raquel, 1980.

LA DANSE DE L'ARC-EN-CIEL, avec une aquarelle originale de Raquel, 1981.

TUM COLOR..., avec une sérigraphie de Raquel, 1983.

Chez d'autres éditeurs :

IL RIEN (quelques figures de récit dans la poésie contemporaine), *in* Actes du Colloque de Saint-Hubert, Payot.

IMAGES D'UN LIVRE (notes sur un cahier grec), *in* Misère de la littérature, Christian Bourgois, 1978.

A COTÉ DU SUJET, *in* Haine de la poésie, Christian Bourgois, 1980.

« Elégie cinq » a paru, en extraits, dans Action Poétique et Le Monde. Tel, ce poème était inédit.

★

Geneviève HUTTIN

Née en 1951, à Montargis. Etudes de philosophie. A collaboré à diverses revues dont : Action Poétique, Première Livraison, Terriers, Digraphe... A animé avec d'autres écrivains et des peintres le groupe « Nuit-Blanche ».

A publié :

SEIGNEUR..., Seghers, 1981.

« Stances plaintes dit-on » était un poème inédit.

★

Alain LANCE

Né le 18 décembre 1939, à Bonsecours près de Rouen. Professeur à Paris. De 1966 à 1969, séjours en Iran et en RDA. Membre du comité de rédaction d'Action Poétique.

A publié :

Poèmes :

MÉNAGERIE QUOTIDIENNE (dans *La Rue tourne,* avec M. Langrognet,
C. Marcoux, C. et F. Teyssier), Le Terrain vague, 1961.
LES GENS PERDUS DEVIENNENT FRAGILES, P.J. Oswald, 1970.
EN FÉVRIER 1972 L'AGRESSION AMÉRICAINE N'AVAIT PAS ENCORE PRIS FIN,
poèmes-tracts avec des photos de la guerre du Vietnam. Tiré à
compte d'auteur, 1972.
L'ÉCRAN BOMBARDÉ, supplément au n° 57 d'Action Poétique, 1974.
LES RÉACTIONS DU PERSONNEL, EFR, 1977.
LA PREMIÈRE ATTEINTE, La Répétition, 1979.

Traductions :

Volker Braun : PROVOCATIONS POUR MOI ET D'AUTRES, P.J., Oswald, 1970.
Franz Fühmann : L'AUTO DES JUIFS, EFR, 1974.
Volker Braun : CONTRE LE MONDE SYMÉTRIQUE, EFR, 1977.
Christa Wolf : AUCUN LIEU. NULLE PART, Hachette, 1981.
En collaboration avec H. Deluy, L. Richard, J.-P. Barbe et A. Barret :
17 POÈTES DE LA RDA, P.J. Oswald, 1967.
En collaboration avec G. Badia et V. Jézewski :
Volker Braun : LA VIE SANS CONTRAINTE DE KAST, EFR, 1978.

Parmi les autres publications :

En collaboration avec Charles Dobzynski : présentation et choix de l'anthologie FRANZOSISCHE LYRIK DER GEGENWART, Volk und Welt Berlin,
1979.

Les « Dix poèmes » que nous publions étaient inédits.

Bernard NOEL

Né le 19 novembre 1930, dans l'Aveyron.

A publié :

LA FACE DU SILENCE, Flammarion, 1967.
UNE MESSE BLANCHE, Fata Morgana, 1970.
LE LIEU DES SIGNES, J.-J. Pauvert, 1971.
LE CHATEAU DE CÈNE, J.-J. Pauvert, 1971.
SOUVENIRS DU PALE, Fata Morgana, 1971.

LA PEAU ET LES MOTS, Flammarion, 1972.
LES PREMIERS MOTS, Flammarion, 1973.
DEUX LECTURES DE MAURICE BLANCHOT (avec Roger Laporte), Fata Morgana, 1973.
TREIZE CASES DU JE, Flammarion, 1975.
EXTRAITS DU CORPS (poèmes complets 1954-1970), 10/18, 1976.
MAGRITTE, Flammarion, 1976.
LAILE SOUS LÉCRIT, Orange Export Ltd, 1977.
LE DOUBLE JEU DU TU (avec J. Frémon), Fata Morgana, 1978.
DICTIONNAIRE DE LA COMMUNE, 2 vol., Flammarion, 1978.
LE 19 OCTOBRE 1977, Flammarion, 1979.
BRUITS DE LANGUES, Talus d'approche, 1980.
URSS, ALLER RETOUR, Flammarion, 1980.
L'ÉTÉ LANGUE MORTE, Fata Morgana, 1982.
LA MOITIÉ DU GESTE, Fata Morgana, 1982.
POÈMES 1, Flammarion, 1983.
LA CHUTE DES TEMPS, Flammarion, 1983.

« Premier chant » a été publié en revue.

Georges PEREC

Né le 7 mars 1936. Mort le 3 mars 1982. Travaux de sociologie. Documentaliste scientifique de 1961 à 1979. A écrit des scenarii de films et tenu une rubrique des mots croisés. Les poèmes de cette anthologie nous ont été confiés spécialement par G. Perec, quelques semaines avant sa mort.

A publié :

Dans la collection « Les Lettres Nouvelles » dirigée par Maurice Nadeau :
LES CHOSES, prix Renaudot 1965, Julliard.
QUEL PETIT VÉLO A GUIDON CHROMÉ AU FOND DE LA COUR ? Denoël.
UN HOMME QUI DORT, Denoël.
LA DISPARITION, Denoël.
W OU LE SOUVENIR D'ENFANCE, Denoël.

Chez Hachette-Littérature, collection POL :
JE ME SOUVIENS, LES CHOSES COMMUNES I.
LA VIE MODE D'EMPLOI, prix Médicis 1978.
LA CLOTURE ET AUTRES POÈMES, POL.

Chez d'autres éditeurs :
LES REVENENTES, Julliard, collection Idée fixe.
LA BOUTIQUE OBSCURE, Gonthier, collection Cause commune.

ESPÈCES D'ESPACES, Galilée, collection L'Espace critique.
ALPHABETS, Galilée, collection Ecritures/figures.
MOTS CROISÉS, Mazarine.
UN CABINET D'AMATEUR, Balland, collection L'Instant romanesque.
L'ÉTERNITÉ, Orange Export Ltd, 1981.

Ouvrages en collaboration :

PETIT TRAITÉ INVITANT A L'ART SUBTIL DU GO, Christian Bourgois.
OULIPO : CRÉATIONS, RE-CRÉATIONS, RÉCRÉATIONS, Gallimard, collection
   Idées.

Traductions :

Harry Mathews : LES VERTS CHAMPS DE MOUTARDE DE L'AFGHANISTAN,
   Les Lettres Nouvelles, Denoël.
Harry Mathews : LE NAUFRAGE DU STADE ODRADEK.

★

Marcelin PLEYNET

   Né à Lyon, en 1933. Membre du comité de rédaction de la revue
Tel Quel. De 1962 à 1982. Secrétaire de rédaction de la revue L'Infini.

A publié :

Poésie :

PROVISOIRES AMANTS DES NÈGRES, Editions du Seuil, 1962.
PAYSAGES EN DEUX suivi de LES LIGNES DE LA PROSE, collection Tel Quel,
   éditions du Seuil, 1963.
COMME, collection Tel Quel, Editions du Seuil, 1965.
STANZE (chants I à IV), collection Tel Quel, Editions du Seuil, 1973.
RIME, collection Tel Quel, Editions du Seuil, 1981.

Journal :

LE VOYAGE EN CHINE (avril/mai 1974), Hachette/POL, 1980.
SPIRITO PEREGRINO (1979), Hachette/POL, 1981.
L'AMOUR, Hachette/POL, 1982.

Essais :

LAUTRÉAMONT, Ecrivains de toujours, Editions du Seuil, 1967.
L'ENSEIGNEMENT DE LA PEINTURE, collection Tel Quel, Editions du Seuil,
   1971.

SYSTÈME DE LA PEINTURE, collection Points, Editions du Seuil, 1977.
ART ET LITTÉRATURE, collection Tel Quel, Editions du Seuil, 1977.
TRANSCULTURE, U.G.E., collection 10/18, 1979.
SITUATION DE L'ART MODERNE : PARIS/NEW YORK (en collaboration avec
   W. Rubin), Editions du Chêne, 1978.

A tirage limité :

MA DESTRUCTION, gouaches de Raquel, Orange Export Ltd.

   Les poèmes ici réunis sous le titre « Justes dix » étaient inédits.
Ils ont été écrits entre décembre 1981 et janvier 1982.

Pascal QUIGNARD

   *Né à Verneuil-sur-Avre (Eure). Etudes de philosophie. Travaille dans
l'édition.*

A publié :

L'ÊTRE DU BALBUTIEMENT, Mercure de France.
Lycophron, ALEXANDRA, Mercure de France, présentation et traduction.
LA PAROLE DE LA DÉLIE, Mercure de France.
MICHEL DEGUY, Seghers.
ÉCHO, suivi de ÉPISTOLÈ ALEXANDROY, Le Collet de Buffle.
SANG, Orange Export Ltd.
LE LECTEUR, récit, Gallimard.
HIEMS, Orange Export Ltd.
SARX, Maeght.
INTER AERIAS FAGOS, Orange Export Ltd.
CARUS, roman, Gallimard.
LE SECRET DU DOMAINE, Editions de l'Amitié.
Kong-souen Long, SUR LE DOIGT QUI MONTRE CELA, Orange Export Ltd,
   présentation et traduction.
LES MOTS DE LA TERRE, DE LA PEUR ET DU SOL, CLIVAGES SUR LE DÉFAUT
   DE TERRE, CLIVAGES, petits traités, t. 1, Clivages.

   « L'e » était un texte inédit.

Lionel RAY

*Né en 1935, à Mantes, près de Paris. Professeur de lettres à Paris. Membre du comité de rédaction d'*Action Poétique.

A publié :

LETTRE OUVERTE A ARAGON SUR LE BON USAGE DE LA RÉALITÉ, EFR, Petite Sirène, 1971.
LES MÉTAMORPHOSES DU BIOGRAPHE, Gallimard, 1971.
L'INTERDIT EST MON OPÉRA, Gallimard, 1973.
ARTHUR RIMBAUD, Seghers, Poètes d'aujourd'hui, 1976.
PARTOUT ICI MÊME, Gallimard, 1978.
LE CORPS OBSCUR, Gallimard, 1981.

« Seul miroir » était un texte inédit.

★

Jacques RÉDA

Né en 1929, à Lunéville. Collaborateur de Jazz Magazine *et de la* NRF.

A publié :

AMEN, Gallimard, 1968.
RÉCITATIF, Gallimard, 1970.
LA FOURNE, Gallimard, 1975.
LES RUINES DE PARIS, Gallimard, 1977.
L'IMPROVISTE, Gallimard, 1981.
HORS LES MURS, Gallimard, 1982.

« A d'autres » était un ensemble inédit.

★

Maurice REGNAUT

*Né en 1928, à Soncourt (Haute-Marne). Enseigne à l'université de Strasbourg. Membre du comité de rédaction d'*Action Poétique.

A publié :

Editions Pierre Jean Oswald :
66-67
AUTOJOURNAL
TERNAIRES
INTERMONDE
PACIFIQUE CHILI
SUR

Traductions aux Editions de l'Arche :
Bertolt Brecht : LA MÈRE
                GRAND-PEUR ET MISÈRE DU III⁰ REICH
                ANTIGONE
                LUX IN TENEBRIS
                HISTOIRES D'ALMANACH
                HISTOIRES DE MONSIEUR KEUNER
                POÈMES (dans chacun des 9 tomes parus)

« Lettre II » était un ensemble inédit.

Jacqueline RISSET

Née le 25 mai 1936. Vit en Italie. Membre du comité de rédaction de Tel Quel. *Jacqueline Risset a traduit des poètes français en italien et écrit plusieurs essais sur la littérature contemporaine.*

A publié :

L'ANAGRAMME DU DÉSIR, Bulzoni, Rome, 1971.
JEU, Editions du Seuil, 1971.
MORS, Orange Export Ltd, 1976.
LA TRADUCTION COMMENCE, Christian Bourgois, 1978.
DANTE ÉCRIVAIN, Editions du Seuil, 1982.

« Trois fragments arrachés à la philosophie » était un ensemble inédit.

Denis ROCHE

Né en 1937 à Paris. Publie ses premiers poèmes en 1961 dans une revue bilingue puis Forestière amazonide *dans le collectif « Ecrire » au Seuil. Entre au comité directeur de la revue* Tel Quel *en 1963 à l'occasion de la publication de* Récits complets. *Il quittera* Tel Quel *après la publication du quatrième et dernier volume de poèmes en 1972,* Le Mécrit. *En 1974 il fonde sa propre collection au Seuil, Fiction & Cie, qui compte près d'une soixantaine de titres français et étrangers. Il a travaillé sept ans aux éditions Tchou. Depuis 1971, il est conseiller littéraire aux éditions du Seuil. N'écrit plus de poèmes depuis* Le Mécrit.

A publié :

RÉCITS COMPLETS, Editions du Seuil, 1963.
LES IDÉES CENTÉSIMALES DE MISS ELANIZE, Editions du Seuil, 1964.
ÉROS ÉNERGUMÈNE, Editions du Seuil, 1968.
CARNAC, Tchou, 1969 (épuisé).
LA LIBERTÉ OU LA MORT, Tchou, 1969 (épuisé).
ANTHOLOGIE DE LA POÉSIE FRANÇAISE DU XVIIᵉ SIÈCLE, Tchou, 1970 (épuisé).
LE MÉCRIT, Editions du Seuil, 1972.
TROIS POURRISSEMENTS POÉTIQUES, L'Herne, 1972.
LOUVE BASSE, Editions du Seuil, 1976, 10/18, 1980.
MATIÈRE PREMIÈRE, L'énergumène, 1976.
NOTRE ANTÉFIXE, Flammarion, 1978.
ANTÉFIXE DE FRANÇOISE PEYROT, Orange Export Ltd, 1979 (épuisé).
DÉPOTS DE SAVOIR & DE TECHNIQUE, Editions du Seuil, 1980.
A QUOI SERT LE LYNX ? A RIEN, COMME MOZART, Muro torto, Rome, 1980.
ESSAIS DE LITTÉRATURE ARRÊTÉE, Ecbolade, 1981.
LÉGENDES DE DENIS ROCHE, Gris banal, 1981.
LA DISPARITION DES LUCIOLES, Editions de l'Etoile, 1982.
DOUZE PHOTOS PUBLIÉES COMME DU TEXTE, Orange Export Ltd, 1983.

Cassette :

ANTÉFIXE DE FRANÇOISE PEYROT, Essai de voix 5, TXT.

★

Paul Louis ROSSI

*Né le 4 novembre 1934 à Nantes (Loire-Atlantique). Membre du comité de rédaction d'*Action Poétique *de 1967 à 1979, membre du collectif* Change *de 1976 à 1979.*

A publié :

QUAND ANNA MURMURAIT, Editions Chambelland, 1963.

A PROPOS DE NANTES OU LA VOYAGEUSE IMMORTELLE, récit, Les Lettres françaises, 1969.

LE VOYAGE DE SAINTE URSULE, Gallimard, 1973.

ALBRECHT ALTDORFER, Change Peinture, n° 26/27, 1976.

COSE NATURALI, poèmes, dessins de Pierre Getzler et Gaston Planet, 1978.

L'IMPAIR OU LA VIE BARIOLÉE, EFR, Petite Sirène, 1978.

SOTERIA, SUR DES INSCRIPTIONS GRECQUES, poèmes, dessins de Patrick Rosiu, 1979.

LE POTLATCH : Suppléments aux Voyages de Jacques Cartier, récits, Hachette, POL, 1980.

ENCRAGE, peintures de Gérard Brassel, 1980.

HÉLOISE, roman, Orange Export Ltd, 1980.

LA TRAVERSÉE DU RHIN, récit, Hachette, POL, 1981.

Ce fragment des « Etats provisoires » était inédit.

Jacques ROUBAUD

*Né en 1932 à Caluire (Rhône). Enseigne les mathématiques à l'université de Nanterre. Membre des comités de rédaction d'*Action Poétique*,* Change *et* Po&sie.

A publié :

E, Gallimard, 1967.

PETIT TRAITÉ INVITANT A LA DÉCOUVERTE DE L'ART SUBTIL DU GO (avec Pierre Lusson et Georges Perec), Christian Bourgois, 1969.

MONO NO AWARE : LE SENTIMENT DES CHOSES (143 poèmes empruntés au japonais), Gallimard, 1970.

RENGA (avec Octavio Paz, Edoardo Sanguineti, Charles Tomlinson), Gallimard, 1971.

TRENTE ET UN AU CUBE, Gallimard, 1973.

ÉTOFFE (poèmes accompagnant 4 sérigraphies de Vasarely), Editions G.K., Genève, 1975.

TOMBEAUX DE PÉTRARQUE (avec un portrait par Pierre Getzler), Solaire, 1975.

MEZURA, Editions d'Atelier, 1975.

LA PRINCESSE HOPPY OU LE CONTE DU LABRADOR, Bibliothèque oulipienne, n° 2, 1975.

INIMAGINAIRE I-II (avec Paul Louis Rossi, Pierre Lartigue, Lionel Ray, Gaston Planet), privately printed, Beauvoir-sur-Mer, 1976.

CHUTE DE LANGUE EN AUTRE, Orange Export Ltd, collection Chutes, 1976.

Traduction de Jack Spicer : LE SAINT-GRAAL IN « JACK SPICER : BILLY, GRAAL, LANGAGE », Change, 1976.

AUTOBIOGRAPHIE, chap. X, Gallimard, 1977.

GRAAL THÉÂTRE : Gauvain et le chevalier vert — Lancelot du Lac — L'enlèvement de Guenièvre — Perceval le Gallois (avec Florence Delay), Gallimard, 1977.

GRAAL FICTION, Gallimard, 1978.

LA PRINCESSE HOPPY OU LE CONTE DU LABRADOR (chap. II : Myrtille et Beryl), Bibliothèque oulipienne, n° 7, 1978.

LA VIEILLESSE D'ALEXANDRE : essai sur quelques états récents du vers français, Maspero, collection « Action Poétique », 1978.

L'HOTEL DE SENS (avec Paul Fournel), Bibliothèque oulipienne, n° 10, 1979.

GRAAL THÉÂTRE : Merlin l'Enchanteur (avec Florence Delay), Approches « répertoire » n° 4, collection du NTNM, Editions Jeanne Laffitte, 1979.

GRAAL THÉÂTRE : Gauvain et le chevalier vert (avec Florence Delay), Approches « répertoire » n° 5, collection du NTNM, Editions Jeanne Laffitte, 1979.

GRAAL THÉÂTRE : Lancelot du Lac (avec Florence Delay), Approches « répertoire » n° 6, collection du NTNM, Editions Jeanne Laffitte, 1979.

JE DIS, A MOINS QUE SEL NE LA ROUE, La Répétition, n° 20, 1979.

POÈME COMMENÇANT : « L'ARBRE LE TEMPS... », Orange Export Ltd, 1979.

DORS précédé de DIRE LA POÉSIE, Gallimard, 1981.

« Photographie ; and the past performance of the sun » était un ensemble inédit.

★

Claude ROYET-JOURNOUD

Né le 8 septembre 1941 à Lyon. A créé et animé la revue Siècle *à mains.*

A publié :

LE RENVERSEMENT, Gallimard, 1972.

ATÉ, Le Collet de Buffle, 1974.

AUTRE, PIÈCE et trois photographies d'Emmanuel Hocquard, Orange Export Ltd, 1975.

CELA FAIT VIVANT, Orange Export Ltd, 1975.

ILS MONTRENT, Orange Export Ltd, 1975.

LE TRAVAIL DU NOM, avec des gravures de Lars Fredrikson, Maeght, 1976.

« LE DRAP MATERNEL » OU LA RESTITUTION, Orange Export Ltd, 1977.

LA NOTION D'OBSTACLE, Gallimard, 1978.

LETTRE DE SYMI, avec deux lithographies de François Martin, Fata Morgana, 1980.

« "Le drap maternel" ou la restitution » est le texte complet paru, en tirage limité, chez Orange Export Ltd.

Bernard VARGAFTIG

*Né en 1934 à Nancy. Professeur. Membre du comité de rédaction d'*Action Poétique.

A publié :

CHEZ MOI PARTOUT, P.J. Oswald, collection Action Poétique, 1965.

LA VÉRAISON, Gallimard, 1967.

ABRUPTE, sur des gravures de Gudrun von Maltzan, 28 exemplaires hors commerce, Nancy, 1969.

JABLE, EFR, Petite Sirène, 1975.

DESCRIPTION D'UNE ÉLÉGIE, Seghers, collection Poésie 75, 1975.

ÉCLAT & MEUTE, supplément au numéro 69 de la revue Action Poétique, 1977.

VERSANT CASSURE, avec une héliogravure de Marie F. Jouannic, collection Les Florets, Villeneuve-lez-Avignon, 1977.

LA PREUVE LE MEURTRE, La Répétition, 1979.

ORBE, Textes-Flammarion, 1980.

Les poèmes que nous publions étaient inédits.

Alain VEINSTEIN

Né en 1942. Travaille à la radio.

A publié :

QUI L'EMPORTERA, Le Collet de Buffle, 1974.
RÉPÉTITION SUR LES AMAS, Mercure de France, 1974.
L'INTRODUCTION DE LA PELLE, Orange Export Ltd, 1975.
DERNIÈRE FOIS, Orange Export Ltd, 1976.
RECHERCHE DES DISPOSITIONS ANCIENNES, Maeght, 1977.
VERS L'ABSENCE DE SOUTIEN, Gallimard, 1978.
CORPS EN DESSOUS, Clivages, 1979.
SANS ELLE, Lettre de Casse, 1980.
ÉBAUCHE DU FÉMININ, Maeght, 1981.

« Ebauche du féminin », que nous publions, est un extrait du livre paru sous ce titre en 1981.

TABLE DES MATIÈRES

ACHEVÉ D'IMPRIMER LE
22 MARS 1983, SUR LES
PRESSES DE LA SIMPED
A ÉVREUX

Numéro d'éditeur : 9 797 ; Numéro d'imprimeur : 7 276
Dépôt légal : avril 1983